안티 오이디푸스와 가족, 나는 아이가 아니다

북튜브 가족특강 03

안티 오이디푸스와 가족, 나는 아이가 아니다

발행일 초판1쇄 2020년 9월 1일 | **지은이** 신근영
펴낸곳 북튜브 | **펴낸이** 김현경 | **편집인** 박순기 | **주소** 서울시 종로구 사직로8길 24 1221호(내수동, 경희궁의아침 2단지) | **전화** 02-739-9918 | **팩스** 070-4850-8883 | **이메일** booktube0901@gmail.com

ISBN 979-11-90351-26-3 04100 979-11-90351-23-2(세트)
이 도서의 국립중앙도서관 출판예정도서목록(CIP)은 서지정보유통지원시스템 홈페이지(http://seoji.nl.go.kr)와 국가자료종합목록 구축시스템(http://kolis-net.nl.go.kr)에서 이용하실 수 있습니다.(CIP제어번호: CIP2020035364)

북튜브 책으로 만나는 인문학강의 세상
북튜브는 북드라망의 강의-책 브랜드입니다.

가족
특강
03

안티 오이디푸스와 가족, 나는 아이가 아니다

신근영 지음

Booktube
북튜브

책머리에

가족과 양생

질문 1. 오, 마이 스위트 홈?

2019년, <남산강학원&감이당>은 '21세기 화두, 청년'이라는 주제로 강좌들을 열었습니다. 첫번째는 동서양 사상가들의 청년기를 탐색하는 것이었죠. 그들을 통해 청년이란 어떤 존재인가를 새롭게 고민해 보려 했습니다. 두번째 강의는 청년 명리학. 청년들이 자신의 운명을 어떻게 바라보고 운용하면 좋을지를 고민하는 자리였죠. 그리고 세번째 기획으로 야심차게 진행된 강의가 ''가족'에 대처하는 여섯 가지 방법'이었어요. 바로 이 강의가 이번에 책으로 묶여 선보이게 된 '북튜브 가족 특강' 시리즈입니다.

연구실에서 만난 청년들의 얘기를 들어 보면, 그 친구들에게 가족은 양가적인 것처럼 보입니다. 좋으면서 싫다는 거죠. 우선 집은, 험한 일을 겪지 않아도 되는 은신처 같은 곳입니다. 별반 거치적거리는 일도 없고, 싫은 일은 하지 않아도 되고, 일상의 번다한 일들은 부모님이 다 해결해 주죠. 한마디로, 편해요. '이불 밖은 위험해'처럼 집은 저 거친 바깥 세계와는 달리 굉장히 부드럽고 '스위트'한 곳이죠.

그렇다면 이제 문제가 없어야 하잖아요? 그런데 그렇지가 않습니다. 이 스위트함이 한편으로는 불편한 겁니다. '이래도 되나' 하는 의심 같은 게 올라와요. 집에 계속 의존하려 드는 자신이 영 싫어요. 집이 갑갑해요. 바깥에 나가서 이러저러한 사람들도 만나고, 연애도 하고, 친구들도 신나게 사귀고, 그렇게 살고 싶은데, 그럴 엄두가 안 나서 자꾸 집으로만 숨어드는 자신이 마음에 안 들어요. 세상에 대해, 사람에 대해 자신이 무능력해 보이는 거죠.

바깥에서 겪을 일을 생각하면 무섭고 힘들 거 같아서 피하고 싶고, 집에 있자니 갑갑하고 헛헛해서 미치겠고. 이런 양가적인 감정을 불러일으키는 게 집이라는 거죠. 이런 양가적인 감정에 오도가도 못하면서 점점 더 집이라는 곳에 숨어들게 돼요. 그러다 보면 세상에 대한 면역력은 하루가 다르게 점점 더 약해져요. 이제 타자들의 작은 눈빛 하나, 지나가는 말 한 마디에 확 무너져 버려요. 톡 하고 건드리기만 해도 존재가 와르르 무너져 버리게 되는 거죠.

그런데! 여기서 생각을 좀 바꿔 보면 어떨까요. 스위트'하지만' 갑갑하고 무능력하다는 감정이 올라오는 게 아니라, 스위트'하기 때문에' 갑갑하고 무능력해지는 것은 아닐까, 라고 말이죠.

질문 2. 가족, 결코 지워지지 않는 상처

가족 문제는 비단 청년들만의 것이 아니에요. 중년인 분들도, 아니 60이 훌쩍 넘어서도 어렸을 때 부모님에게 받은 상처를 토로하는 분들이 꽤 많이 계신 걸 보면요. 그런데 그 상처라는 게 말이죠, 솔직히 말씀드리면, 그다지 큰 사건으로 보이지가 않아요. 물론 그분들 입장에서는 큰 무게감을 갖겠죠. 그걸 부정하는 건 아니에요. 하지만 객관적으로 봐서, 심각한 가정폭력을 당했다기보다는, 형제들 사이에서 차별을 당했다, 나만 집안일을 시켰다, 잘못하면 나만 혼나고 때로는 맞았다, 혹은 나에게는 별반 관심이 없었다, 이런 것이 대부분이에요.

여기서 또 문제가 되는 게 뭐냐면, 부모가 못해 준 것만 상처가 되는 게 아니라는 거예요. 너무 신경을 써도 그게 상처가 돼요. 나를 옴짝달싹 못하게 했다, 모든 것을 자기 뜻에 맞추려 했다, 그러는 거죠. 이 정도 되면 정말 부모야말로 극한 직업이죠. 잘해 줘도 상처, 못해 줘도 상처, '어쩌란 거냐'라는 말이 절로 나올 정도죠.

여하튼! 결론은 이런 상처들 때문에 지금까지도 힘들다는 거예요. 그것 때문에 지금 사람들과 관계 맺으며 세상을 살아나가는 게 몹시 어렵다고들 합니다. 좀 이상하지 않나요? 나이가 그토록 들었건만, 어째서 그 어릴 때의 경험이 지금 이 삶의 발목을 잡는 걸까요. 살아오는 세월 동안 얼마나 많은 일들이 있었겠어요. 이런저런 친구들도 만났을 거고, 그 중에는 마음이 맞아 지금도 인생 문제를 함께 나누는 친구도 있을 거고, 연애도 해봤을 거고, 사랑의 달콤함도 씁쓸함도 느껴 봤을 거고, 어떤 분은 아이를 낳아 아이가 주는 기쁨을 흠뻑 느껴 봤을 텐데, 이런 것은 별 의미가 없다는 얘기인지…. 오직 어릴 때 부모님께 받지 못한 그 사랑을 받아야만 해결되는 그런 일이란 게 뭘까요?

제가 보기엔 그 상처란 걸 해결하기 전에 물어봐야 할 게 있는 거 같아요. 왜 아득한 과거의 일이 지금의 나한테까지 계속 영향을 미치고 있는 건지, 내게 그 일이 여전히 상처라는 것이 오히려 그간의 내 삶의 무엇을 반증하고 있진 않은 건지 말이죠.

『안티 오이디푸스』, 양생의 원리를 말하다

안락함의 장소이자 상처의 진원지로서 가족. 가족의 이런 이상야릇한 모습을 풀기 위해서 우선 가족이란 어떤 관계일까라는 데서 출발해 보죠. 가족을 한마디로 얘기하면 돌봄, 케어의 장소라고 할 수 있어요. 가족 하면 사랑이고, 가족의 사랑이라고 하면 서로 간에 나누는 따스한 돌봄이 떠오르잖아요. 아이들은 가족의 이런 돌봄을 상징하는 존재가 되죠. 아이들이야말로 최우선적으로 케어를 받아야 할 존재인 거예요.

그런데 뭘 케어해야 하는 걸까요? 어떤 위험으로부터 아이들을 지켜야 하는 걸까요? 가만 보면 우리는 이걸 묻지 않아요. 그리고 무턱대고 보호하고 케어하려 해요. 이건 비단 아이들에 국한된 문제는 아닌 것 같아요. 우리 자신에 대해서도 어떤 위험에서 우리를 지켜야 하는지, 뭘 돌봐야 하는지 묻지 않은 채, 무작정 자기 관리라는 걸 하고 있으니 말이죠. 그런데 이런 질문을 생략하면, 우리는 위험한 것과 지켜야 할 것을 혼동할 수 있어요. 그러니까 위험한 짓을 안전한 짓이라고 생각하고 하고 있을 수 있다는 겁니다.

질 들뢰즈(Gilles Deleuze)와 펠릭스 가타리(Félix Guattari)의 『안티 오이디푸스』(*L'Anti-Oedipe*)는 바로 이 질문에서 시작합니다. 그리고 말하죠. 우리가 돌봐야 할 것은 우리 자신의 생명력이다. 개인이라든지, 시민이라든지, 주체라든지 혹은 인간이라든지 이런 것 이전에, 이런 것 아래서 우리 존재 자체를 살아가게 하는 힘으로서의 생명력. 이 생명력을 들뢰즈-가타리는 무의식, 또는 욕망이라고 부릅니다. 그 이름이 무엇이든 간에 들뢰즈-가타리의 관심은 생명/삶의 원리이고, 그에 기반해 생명/삶을 잘 돌보고 기를 수 있는 길을 찾아요. 다른 말로 하면 양생의 원리를 탐색한다고 할 수 있죠. 기를 양(養)에 생명 생(生), 생명을 기르는 원리로서 양생법을 탐구한 게 『안티 오이디푸스』예요.

들뢰즈-가타리의 양생의 원리는 간단해요. 흐르게 하라! 막힌 데 없이 잘 흐르게 하라! 이겁니다. 그럼 이렇게 잘 흘러가게 하려면 어떻게 해야 할까요? 다른 흐름들과 짝을 지어야 해요. 그렇지 않으면 자기 안에 갇힌 흐름인데, 그걸 흘러다닌다고 말할 수는 없는 거죠. 그래서 흐름과 짝짓기, 이게 양생의 원리가 되는 거예요. 그렇다면 양생의 적은 흐르지 못하게 막는 것, 짝짓지 못하도록 가두어 두는 것들이겠죠.

자, 그럼 이제 이 양생의 원리 위에서 가족을 보면 어떻게 될까요? 생명력을 가두는 힘일까요, 아니면 흘러가게 하는 힘일까요? 저는 강의 <나는 '아이'가 아니다>에서 『안티 오이디푸스』와 함께 이 질문을 고민해 보고자 했습니다. 강의를 책으로 내면서 약간의 보완을 했지만 여전히 고민에서 멈춘 느낌이 없지 않습니다. 그래도 조금은 다른 방향에서 질문하고 접근하려 했다는 점에서 훗날의 공부를 기약해 봅니다.

가족 강의를 기획하고 진행한 '줄자'와 녹취를 푸느라 고생한 '한결', 그리고 횡설수설을 책이 되도록 애써주신 박순기 실장님께 감사드립니다. 그리고 무엇보다 이 가족 강의의 출발이 되었으며, 저를 계속 번뇌에 빠뜨리는, 그래서 제 안에 갇혀 있을 수 없도록 해주는 <남산강학원> 청년들에게 고맙다는 말을 전하고 싶습니다.

2020년 8월 2일 여름

남산골 나루에서

차례

들뢰즈-가타리의

분열증적 상상

1부

Anti-Oedipus

자본주의와 핵가족의 출현

이번 강의는 가족 관계에서 생기는 문제들에 대한 답을 찾는다기보다는, '가족'이라는 것 자체에 대해 들뢰즈-가타리의 시선으로 질문을 던져 보려 합니다. 프랑스의 현대 철학자인 질 들뢰즈(Gilles Deleuze)와 펠릭스 가타리(Félix Guattari)는 『안티 오이디푸스』(*L'Anti-Oedipe*)라는 책을 함께 썼는데요. 그 책에서 들뢰즈-가타리는 자본주의의 구조와 작동원리를 굉장히 정성들여, 아주 정치(精緻)하게 드러내 보입니다. 그런데 재미난 것은 그 핵심에 '가족'이 있다는 거예요. 자본주의와 가족…. 그러니까 우리가 오늘 이야기할 가족은 '자본주의적 가족'인 거죠.

"자본주의적 가족이 뭔데요? 어디 있는데요?"라고 물으실 텐데요. 여러분들이 평상시에 생각하는 가족의 모습을 떠올리시면 됩니다. 우리는 '가족' 하면 보통 엄마, 아빠, 아이들로 구성된 핵가족을 생각하죠. 그런데 이 핵가족이라고 하는 것은 단순하게 예전에 비해 구성원의 수가 줄었다는 것만을 뜻하지 않습니다. 이전에 있었던 대가족, 숫자가 많던 가족에서 가족의 수가 아주 단출해졌다는 것만을 의미하는 것이 아니라, 가족을 이루는 원리, 가족이 굴러가는 작동방식 등, 그 배치 자체가 새롭게 바뀐 거예요.

예를 들어 고대 그리스에서 어떤 남녀가 결혼한다고 할 때, 핵심적으로 고려해야 할 사항은 경제적 관계였습니다. 즉 같이 살림살이를 꾸려 갈 만한 사람인가, 이게 고려해야 할 핵심적인 가치였다는 거예요. 남자가 아내를 고를 때도 이게 이제 제일 중요한 가치가 되는 거죠. 그런데 이게 핵가족으로 오면 경제적인 관계가 중심 가치에서 탈락하고, 사랑이라는 개념이 부각되기 시작해요. 가족이라고 하는 것은 경제 공동체가 아니라 감정적 유대를 통해 구성되는 공동체라고 생각하게 된다는 거죠.

그러니까 고대 그리스적인 관점에서는 사랑 없이 결혼했다는 것이 아무런 문제가 되지 않아요. 하지만 지금 우리 관점에서 보면 그게 되게 억압적인 관계처럼 보일지 모릅니다. 지금 사랑 없이 결혼하라고 하면 정략결혼이니, 부모의 억압이니 온갖 이야기들이 다 나오게 되죠. 이런 반응이 나오는 것은 지금 가족을 구성하게 되는 핵심적인 가치에, 이전에는 없었던 애정 관계라는 게

출처 : shakko(www.wikipedia.org)

고대 그리스의 도기 항아리에 그려진 결혼식 준비 장면. 동서양을 막론하고 고대의 결혼은 개인 간의 사랑이 아닌 경제적인 이유와 공동체의 유지라는 목적에서 행해지는 것이 일반적이었다.

들어왔기 때문입니다. 그러니까 가족이야말로 가장 사랑하는 관계라는 식의 가치가 생긴다는 거죠. 복잡하긴 하지만 하여튼 가족끼리 사랑하기 시작한 지 얼마 안 됐다는 겁니다.(^^) 이게 자본주의적 가족의 모습인데, 들뢰즈-가타리는 바로 이렇게 새롭게 등장한 핵가족이라고 하는 배치, 이 배치에 대해서 질문을 던지는 거예요. 과연 핵가족이란 무엇인가? 그리고 왜 핵가족은 유독 자본주의라는 시공간이 열리면서 같이 등장했는가? 왜 고대 그리스에는, 봉건제 사회에는 이런 식의 가족이 없었는가?

한마디로 '왜 자본주의는 핵가족과 함께 출현했는가'라는 질문이죠. 들뢰즈-가타리의 결론을 먼저 말씀드리면, 들뢰즈-가타리는 자본주의가 작동하기 위해서는 반드시 핵가족이라고 하는 '모터'가 필요했다고 봅니다. 그러니까 엄마-아빠-아이로 이루어진 가족, 사랑의 결정체로서 가족이라는 것을 중심적인 '모터'로 장착했을 때 비로소 자본주의는 자본주의로서 작동할 수 있었다는 거죠. 그러니까 우연치 않게 같이 나온 것이 아니라 굉장히 필연적인 관계 위에서 핵가족과 자본주의가 함께 출현한 것이다, 이렇게 얘기를 하는 겁니

헝가리의 화가 시네이 메르세 팔(Szinyei Merse Pál)의 「연인」. 근대의 '낭만적 사랑'을 잘 표현하고 있는 작품이다. 언뜻 아름다워 보이는 이런 사랑은 엄마-아빠-아이가 '사랑'으로 맺어진다는 이상적 핵가족의 관념으로 이어져 결국 자본주의의 모터로 작동하게 된다.

다. 가족이 뭐길래, 가족을 이루는 그 사랑이 뭐길래, 그게 자본주의의 모터가 될까요? 이런 이야기를 중심적으로 다루고 있는 책이 들뢰즈-가타리가 쓴 『안티 오이디푸스』라는 책이에요.

번개와 피뢰침의 만남 : 들뢰즈와 가타리

앞서 제가 두 사람이라고 말씀을 드렸는데, 계속 '들뢰즈-가타리'라고 한 사람처럼 이야기를 하니까 의문이 생기는 분들도 있을 듯합니다. 그래서 일단 '들뢰즈-가타리' 얘기를 잠깐 드리고 본격적인 논의를 시작할까 합니다. 질 들뢰즈는 프랑스의 대표적인 현대 철학자고요. 펠릭스 가타리는, 굉장히 액티브한 사람으로, 정신분석학, 기호학, 정치철학, 생태학 등을 횡단하는 사유를 하면서 정신과 심리치료사로 활동하고 다양한 정치활동도 펼쳤던 이론가이자 활동가예요. 들뢰즈는 평생을 제도권 교육 속에 있었던 반면, 가타리는 대학도 자퇴하고 줄곧 제도권 밖에서 활동했어요. 그렇지만 둘은 기본적으로 같은 비전을 가지고 있었던 것 같아요. 가타리는 정신분석학에서 출발해 이를 넘어서는 새로운 사유를 모색했고, 들뢰즈는 전통적인 서구 사유의 흐름, 이를테면 플라톤, 헤겔을 넘어서는 새로운 형이상학을 탐색했어요. 그들의 그런 시도는 물론 새로운 삶의 양식을 창안하고자 하는 노력이었죠. 자본주의와는 다른 삶의 양식. 그러니까 이게 말하기는 쉬운데, 과연 뭘까요? 한마디로 말하면 '혁명'을 모색한 것입니다. 갑자기 확 과격해지죠? 여하튼 이게 그 둘을 만나게 했고, 또 함께 작업하게 했던 원동력이었죠.

이 두 사람이 만나서 '들뢰즈-가타리'로, 마치 한 사람처럼 함께 책을 쓰게 되는데요. 그 이야기가 재미있습니다. 들뢰즈가 1968년에 박사학위 논문을 씁니다. 그 학위 논문이 이후 『차이와 반복』이라는 책으로 나옵니다. 현대 철학과 예술에 지대한 영향을 끼친 무시무시한 책이에요. 읽기 어렵다는 면에서도 무시무시하죠. 그리고 1969년에 들뢰즈는 『의미의 논리』라는 책을 한 권 더 출판하는데, 펠릭스 가타리가 『의미의 논리』가 나왔을 때 『차이와 반복』과 같이 묶어서 글 한 편을 쓰고 들뢰즈에게 그 글을 보여 줍니다. 그러면서 둘의 본격적인 만남이 시작돼요. 가타리에게는 뭔가 번뜩이는 게 있었어요. 들뢰즈가 보기에 상식적인 수준을 넘어서는 아이디어들이나 사유가 굉장히 반짝반짝 빛나고 있는 사람이었나 봅니다. 이건 좋게 말한 것이고, 좀 안 좋게 말하면 정리가 잘 안 되고 아이디어는 되게 많은 사람이었던 것 같아요. 가타리가 들뢰즈와 만났을 때 머릿속에 들어 있는 반짝이는 생각들을 막 쏟아냈겠죠. 들뢰즈는 그걸 듣고 가타리가 가지고 있는 그 에너지, 강렬도에 굉장히 매료됐어요. 그래서 들뢰즈는 가타리가 번개였고 자기는 피뢰침이었다고 표현을 하거든요.

들뢰즈가 그 번개에 맞아서 글을 쓰기 시작해요. 그리고 가타리에게 요구를 합니다. 아침에 일어나면 생각나는 대로 뭐라도 다 적으라고…. 그래서 가타리가 생각나는 걸 다 적어요. 메모를 막 적겠죠. 이걸 적으면 들뢰즈한테 보내 줘요. 그럼 들뢰즈가 그걸 가지고 하나의 잘 정돈된 사유의 흐름들을 만들어 내면서 글을 쓰기 시작합니다. 그럼 그 글을 가타리가 다시 보면서 고치고…. 이렇게 작업을 합니다. 우리가 보통 '공저'라고 하면 이만큼은 누가 쓰고 이만큼은 누가 쓰고 이런 방식이잖아요. 그런데 들뢰즈와 가타리의 공동작업은 그렇게 구분이 안 돼요. 그래서 들뢰즈-가타리의 책은 들

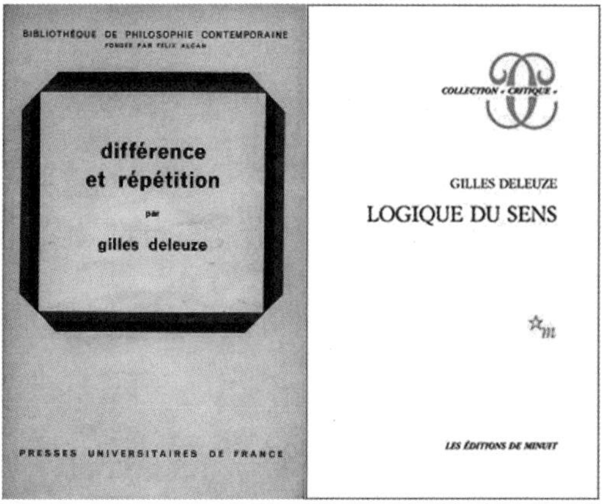

질 들뢰즈가 1968년 박사학위 논문을 책으로 출간한 『차이와 반복』(왼쪽)과 이듬해인 1969년 출간한 『의미의 논리』(오른쪽). 가타리는 이 두 권의 책에 대한 글을 통해 들뢰즈와 가까워지고, 이후 '들뢰즈-가타리'라는 이름으로 함께 책을 출간하게 된다.

뢰즈라고 하는 사람과 가타리라고 하는 두 사람의 책이라기보다는 '들뢰즈-가타리'라고 하는, 이 두 명의 사람이 하나로 된, 두 흐름이 하나로 합쳐지면서 만들어진 책이에요.

자본주의를 극복하는 분열증적 상상

이런 공동작업으로 처음 나온 책이 『안티 오이디푸스』입니다. 1972년에 출간되었고요. 그러고 나서 1975년에 『소수문학을 위하여』라는 카프카에 대한 책을 써요. 마지막으로 1980년에 『천 개의 고원』이라고 하는 유명한 책을 쓰게 됩니다. 이렇게 '들뢰즈-가타리'로 즉, '들뢰즈도 아니고 가타리도 아닌' 존재로 네 편의 결과물을 내게 됩니다(공저로 낸 마지막 책은 『철학이란 무엇인가』입니다. 사실 이 책은 들뢰즈 혼자 썼는데, 가타리의 부탁으로 들뢰즈와 가타리가 공저로 함께 이름을 올린 거라고 합니다. 아마도 들뢰즈는 자신의 사유가 이미 가타리의 사유와 분리될 수 없이 함께 흘러가며 만들어지고 있다고 생각한 게 아닐까 싶습니다). 이 책 중에서 우리가 오

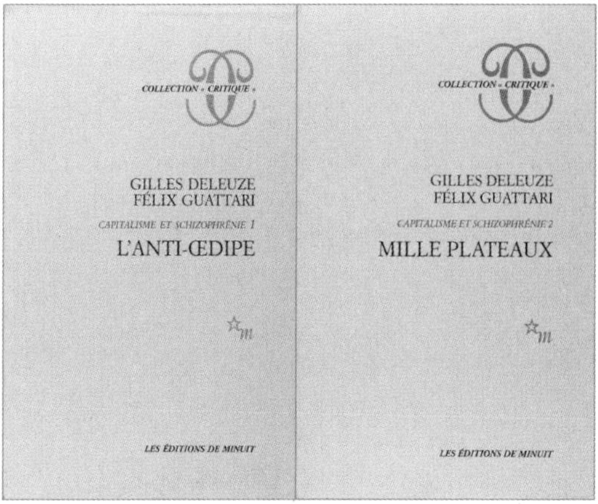

'들뢰즈-가타리'의 대표작 『안티 오이디푸스』(왼쪽)와 『천 개의 고원』(오른쪽). 이 두 권의 책에는 모두 '자본주의와 분열증'(Capitalisme et schizophrénie)이라는 부제가 붙어 있다.

늘 볼 것은 『안티 오이디푸스』라고 하는 책이에요. 『안티 오이디푸스』에는 부제목이 붙어 있어요. '자본주의와 분열증'이라는 부제목인데, 이후 1980년에 쓰게 되는 『천 개의 고원』의 부제는 '자본주의와 분열증 2'예요. 나중에 2권 내야지 해서 냈던 건 아니고 2권 내면서 『안티 오이디푸스』가 자연스럽게 1권이 된 거죠.

요는 두 책의 공통된 부제가 '자본주의와 분열증'이라는 거예요. 이 제목을 살펴볼까요. 일단 여기에 모르는 단어는 없죠. '안티'라는 단어 아시죠. '반대, '반'(反)이라는 뜻이고요. '오이디푸스'라는 단어 많이 들어 보셨죠? 정신분석학을 깊이 있게 공부하지 않았다 하더라도, 지그문트 프로이트(Sigmund Freud)와 함께 '오이디푸스 콤플렉스'라는 말은 종종 들어 보셨을 거 같아요. 원래 '오이디푸스'는 그리스 신화죠. 그리스의 '테베'라고 하는 왕국에서 '라이오스'라고 하는 왕, 그리고 '이오카스테'라고 하는 왕비 그리고 그 아들인 '오이디푸스', 이 셋 사이에서 일어나는 사건입니다. 사실, 이 그리스 신화의 주제는 가족 문제가 아니라 운명의 문제예요. 운명이란 어떤 것이냐, 그 속에서 인간의 탁월함은 어떻게 실현되느냐 하는 건데, 이 이야기를 가

프랑수아 에밀 에르망(François-Émile Ehrmann)이 그린 「오이디푸스와 스핑크스」. 길에서 우연히 만난 자신의 아버지 라이오스 왕을 죽인 오이디푸스는 테베에 이르러 스핑크스를 퇴치하고 테베의 왕이 된다. 이로 인해 그는 자신의 어머니인 이오카스테를 아내로 맞이하게 된다.

족 드라마로 읽은 사람이 프로이트예요. 프로이트는 이것을 가족 극장, 가족 비극, 가족 드라마로 읽으면서, 이 오이디푸스의 드라마가 우리의 무의식 속에서도 펼쳐진다고 하는 거예요. 욕망의 아주 핵심적인 작동방식을 오이디푸스 이야기와 연결을 시키는 겁니다. 들뢰즈-가타리는 프로이트가 연결시킨 이 가족 드라마로서의 무의식이 자본주의와 아주 밀착되어 있다고 이야기하는 겁니다.

앞서도 말씀드렸듯이 자본주의가 제대로 작동하기 위해서 반드시 필요한 기관이 가족입니다. 대통령이 없어도, 삼성이 없어도, 정부 기관이 없어도 자본주의는 굴러가요. 하지만 가족이 없으면 안 굴러가요. 왜? 프로이트가 이야기했듯, 자본주의에서 가족이란 우리의 무의식, 그러니까 우리 욕망의 배치가 구성되고 펼쳐지는 장소인 거죠. 그리고 그렇게 이뤄진 욕망이 바로 자본주의를 굴러가게 하는 힘이라는 거. 들뢰즈-가타리는 그렇게 보는 겁니다. 그래서 프로이트가 생각했던 오이디푸스적인 욕망, 혹은 이 욕망으로 이야기되는 가족, 이 가족이 자본주의라고 하는 사회체계와 아주 밀접하게 맞물려 있다는 거예요. 어떤 면에서 보면 가족이니 욕망이니 하는 것은 우리에게는 가장 개인적인 것들이죠. 가장 내밀하고 사적인 장소, 욕망과 가족. 흔히 그렇게 말하죠, "가족은 건드리지 마라. 다른 거 가지고 딴지 걸고 그러는 건 다 참지만, 가족은 안 된다". 우리에게 가족은 그 누구에게도 침해받아서는 안 되는 거예요. 『안티 오이디푸스』 2장 제목이 그래서 '신성한 가족'이에요. 자본주의에서 신과 같은 존재, 신성불가침의 영역이 바로 가족이라는 거죠.

욕망도 마찬가지죠. 욕망은 언제나 '내' 욕망, '내 거'죠. 그런데 이렇게 가장 사적인 부분이 가장 사회적인 공간이라는 겁니다. 다시 말해, 욕망이야말로 가장 정치적인 지층이라고 이야기를 하는 거예요. 우리가 인간의 욕망을 말할 때 그 욕망은 우리에게 굉장히 자연스럽게 느껴지게 되어 있어요. 그런데 들뢰즈-가타리는 자본주의라는 사회적 체계 속에서 우리가 갖는 욕망은 정치적인 배치 위에서 구성되는 욕망이라는 거예요. 그렇기 때문에 들뢰즈-가타리는 이 자본주의를 넘어선다는 것은 새로운 정부를 세운다거나 이런 것이 아니라 자본주의적이지 않은 욕망의 배치를 창안하는 것이고, 그러려면 오이디푸스적인 가족을 넘어서는 일이 동시적으로 필요하다고 본 것입니다. 그러니까 결국 '안티 오이디푸스'라는 것은 '어떻게 자본주의 너머의 삶을 상상할 수 있을 것인가', '어떻게 오이디푸스적 가족을 넘어서, 함께 사는 삶으로 나아갈 것인가', 그것을 고민하는 것이라고 할 수 있어요.

그리고 여기서 '오이디푸스', 곧 자본주의의 한계를 돌파할 힘으로 지목되고 있는 것이 책의 부제에서도 볼 수 있는 것처럼 '분열증'이에요. '분열증'이라고 하면 안 좋게 느끼는 분들이 많은데, 여기서는 '오이디푸스'의 반대편에 있는 것이 분열증입니다. 프로이트가 무의식을 오이디푸스의 가족 극장으로 봤을 때, 거기서 문제가 되는 것은 신경증, 편집증입니다. 프로이트는 분열증을 다루지 않아요. 분열증은 자아가, 에고가 없는 사람들이기 때문이라는 겁니다. 그러니까 신경증, 편집증은 에고를 전제로 하고, 나아가 에고가 무진장 강한 사람들, 에고에 엄청 집착하는 사람들에게서 드러납니다. 결국 자본주의는 비대한 에고로 괴로워하는 사람들을 양산해요. 그 에고가 만들어지는 곳이 가족인 거고요. 분열증은 이 뚱뚱해진 자아를 해체하는 힘이고, 그럼으로써 자본주의를 넘어서는 힘을 표현하고 있습니다. 가족 속에 갇히지 않은 욕망, 가족 밖으로 마구 발산하는 욕망, 분열증적인 욕망.

유물론적 정신의학 : 마르크스와 프로이트의 결합

기존에 거시적인 사회체계를 다루는 것은 기본적으로 마르크스주의를 통해 이루어졌죠. 혁명이라고 하는 것은 새로운 삶의 양식을 창안하는 것인데(거기에 자꾸 조직도를 생각하실 필요는 없습니다), 혁명의 상을 그리는 주도권은 누가 잡고 있었냐면 마르크스주의가 잡고 있었죠. 그런데 마르크스주의는 기본적으로 우리 안에 있는 개인적인 욕망에 대해서 무심했어요. 그래서 제가 대학 다닐 때 이런 질문들이 오가기도 했지요. "노동자가 해방되면 동성애는 허락이 되는 거냐?" 이런 문제가 제기되는 거예요. 그래서 '사회체제가 바뀌었다고 해서 그 안에 있는 욕망조차도 같이 해방되느냐'라는 질문에 마르크스주의는 대답하기 어려운 점이 있었어요.

반면에 이런 욕망에 대한 담론을 가지고 있는 건 프로이트로부터 출발한 정신분석학이었죠. 그런데 정신분석학은 아주 사적인 욕망을 다루면서, 사회 정치적인 체계에 대해서는 별로 관심이 없었어요. 그러니까 한쪽에서는 욕망에 무심한 사회적 체계가 있고 하나는 자신이 자리한 사회에 무심한 욕망만 있는 거죠. 들뢰즈-가타리는 이 둘을 하나의 자리로 묶으면서, 무엇보다도 욕망이야말로 가장 사회 정치적인 장이라는 이야기를 하게 돼요. 그래서 책에서 뭐라고 표현하냐 하면 '유물론적 정신의학'이라고 표현합니다. '유물론적'이라는 말은 마르크스적인 것이고 정신의학이라는 것은 욕망을 다룬다는 건데, 정신분석학적 방식과는 다른 방향에서 욕망에 접근한다는 걸 말합니다. 이 두 가지를 합쳐서 새로운 욕망의 작동, 새로운 사회적 체계에 대한 그림을 그리는 겁니다. 그리고 개인적인 욕망이 아니라 사회적인 욕망의 차원에서 새롭게 그 배치를 탐사해 보는 것. 들뢰즈-가타리는 이것을 '유물론적 정신의학'이라고 이야기하면서 『안티 오이디푸스』에서 다루기 시작하는 거죠.

좀 더 이야기하자면, 마르크스나 프로이트 이런 거 빼고 그냥 그 말 자체만 볼까요? '유물론적 정신의학', 뭔가 형용모순 같은 느낌이 들지 않나요? 유물론은 물

칼 마르크스(Karl Marx)와 지그문트 프로이트(Sigmund Freud). 마르크스가 거시적인 사회문제를 다루면서 혁명의 가능성을 그려 냈다면, 프로이트는 정신분석학을 통해 개인의 욕망과 무의식의 문제에 깊이 천착하였다. 들뢰즈-가타리는 이 둘을 묶어 '유물론적 정신의학'의 장을 열었다.

질에 대한 거고, 정신은 비물질적인 것처럼 느껴지는데, 이걸 붙여 놨으니까요. 그런데 어찌 보면 이게 핵심인데, 정신이나 욕망, 그러니까 쉽게 말해 우리 마음이야말로 물질적이에요. 이상하게 들리나요? 맞아요. 마음은 공간을 차지하고 만질 수 있는 그런 '물체'가 아니니까요.

하지만 마음은 물질적이에요. 예를 들어 보죠. 여러분들 학교 다닐 때 물리학 배웠죠? 그럴 때 힘이나 에너지와 관련된 공식 같은 걸 외우곤 했어요. 근데 힘이 뭐예요? 에너지가 뭐예요? 힘 보신 적 있어요? 에너지 만진 적 있으세요? 없을 겁니다. 그런데 물리학은 그런 걸 과학적으로 다루고 있어요. 물체가 아닌데 말이죠. 우리 또한 그런 것을 신비적이거나 관념적이라고 여기지 않고요. 그러니까 힘이나 에너지처럼 물체는 아니지만 물리적인 것들이 있어요. 비물체적이지만 이 세계를 구성하고 작동시키는 실재적인 것들. 마음 또한 그런 것입니다. 그건 환상처럼 신비적이고, 실재 세계에는 아무런 영향도 미치지 못하는 그런 것이 아니에요. 자아 안에 갇혀 있거나 혹은 주관적인 것으로만 얘기될 수 있는 어떤 것도 아니고요. 물질과 정신이라는 이분법이 여기서는 더 이상 먹히지 않습니다. 마음, 그건 물질적입니다. 실재적이에요. 이것이 정신의학을 유물론적으로 접근한다는 의미이기도 합니다.

Anti-Oedipus **2부**

자본주의, 죽음을 향하는 욕망

자본주의, 죽음을 향하는 자발적 복종

그러니까 제목을 보면 자본주의와 오이디푸스에 반대(안티)하라는 건데, '난 자본주의에 불만이 없는데요?' 이렇게 생각하실 수 있겠죠. 대체 자본주의가 뭐길래 자꾸 자본주의에 '안티'를 걸어야 한다고 얘기를 하는 걸까? 이 문제의식이 있어야 같이 '안티'를 걸든 뭘 하든 하겠죠. 자본주의에 왜 '안티'를 거는가? 자본주의는 어떤 특징이 있기에 들뢰즈-가타리는 '안티'를 걸고 싶어하는가라고 질문을 던질 수 있습니다.

자본주의를 근대 이전의 전제주의와 비교하면 자본주의의 특성이 아주 잘 드러나요. 전제주의라고 하는 건 뭐냐면, 쉽게 말해 어떤 강력한 권력자가 폭력적인 억압을 통해서 우리를 복종시키는 거예요. 예를 들면 우리가 독재정권이라고 부르는 것이라든지, 아니면 더 앞의 역사에서, 왕이나 절대군주 같은 사람들을 떠올리시면 돼요. 그런 사람들은 자기의 힘, 무력을 가지고서 아래의 계층, 가령 농노 같은 사람들을 마구 착취하잖아요. 거기에는 강압적인 폭력, 억압이 수반되어 있어요. 그래서 그 밑에 있는 농노들이 복종할 때 무서워서 복종하는 거예요. 안 하면 죽으니까.

그래서 전제주의적인 관점에서 노예들은 기본적으로 주인이 가지고 있는 강력한 힘에 굴복했기 때문에, 그것에 대한 두려움 때문에 복종하게 되어 있어요. 권력자들도 농노나 노예들의 마음 같은 데는 아무런 관심이 없었어요. 마음이 어떻든, 욕망이 어떻든, 그냥 오랄 때 오고, 가랄 때 가고, 일하라면 일하고, 그러면 돼요. 신체를 마음대로 동원하고 처분할 수 있다는 것. 그것이 전제주의 권력이 타깃으로 삼는 거예요.

그런데 자본주의는 그런 식으로 작동하지 않아요. 자본주의에 살고 있는 우리는 '누구에게 복종하고 있다', 이런 느낌을 잘 못 받습니다. '우리 다 해방됐다.' 이런 느낌을 가지고 살고 있죠. 그래서, 조선 시대 노비들이나 천민들은 어떻게 그렇게 살 수 있었을까, 이런 생각을 하잖아요? '우리는 어쨌든 자유로워', '우리는 더 이상 그런 식의 예속적인 굴레를 갖고 있지 않아'라고 우리 자신이 믿고 있어요. 그런데 들뢰즈-가타리는 '우리는 정말 예속의 굴레에서 벗어났는가?'라고 질문을 해요. 자본주의는 그 이전에 있었던 방식으로, 즉 강압적이고 폭력적인 방식으로 우리를 복종시키는 것은

제정 러시아 시절 차르 치하 민중의 고통을 사실적으로 그려 낸 일리야 예피모비치 레핀(Ilya Yefimovich Repin)의 「볼가강에서 배를 끄는 인부들」

아니지만 우리 스스로가 자본주의라고 하는 것을 욕망하고, 우리 스스로가 자본주의를 지탱하고 재생산하도록 만들어져 있다는 거예요. 바꿔 말하면 자발적 복종을 하고 있다는 겁니다.

독일의 나치즘을 생각해 보면 좋습니다. 당시 독일인들은 히틀러가 "복종해, 안 하면 죽는다"라고 해서 파시스트가 된 게 아니잖아요. 오히려 역학관계가 반대죠. 그러니까 당시 독일의 민중들이 히틀러를 욕망한 거예요. 그래서 이 문제, 즉 자발적 복종이라는 이 문제를 정식화시키면 '왜 우리는 우리의 예속을 마치 자유인 양 욕망하는가?' 이렇게 질문이 나오는 겁니다. 우리는 지금 예속을 욕망해요. 어떻게 예속을 욕망하냐면 이 예속이 마치 자유라도 되는 듯 착각하면서, '아 나 자유로워'라고 생각하면서 그렇게 한다는 겁니다. 그렇게 예속되도록 만드는 메커니즘, 그게 자본주의라는 거예요. 쉽게 말해 날 위해서 열심히 뭔가를 하고 있는데 하고 보니 내 무덤을 파고 있었던 거죠. 그래서 그 무덤에서 나올 수가 없어요. 그 무덤에 묻혀 죽는 것밖에 방법이 없는 거죠. '왜 우리는 우리의 죽음을 마치 삶인 양 욕망하는가?'라고 물을 수 있는 거죠.

출처 : Deutsches Bundesarchiv, Bild 183-H12705

전근대 시기 전제군주정 치하의 인민들이 전제정의 강력한 힘에 대한 공포로 굴복했다면, 파시즘은 인민들의 욕망의 발현으로서 등장한다. 당시의 인민들은 히틀러를, 예속을, 학살을 욕망했다는 것이다.

이런 식으로 자본주의에서 우리는 아주 기만적인 방식으로 복종을 당해요. 이게 가능한 것은 자본주의가 기본적으로 욕망에 관심이 있기 때문이에요. 전제주의처럼 신체에 직접적으로 물리력을 행사하는 등의 일에는 별반 힘을 쓰지 않아요. 저 무의식, 우리 안의 욕망의 배치를 자본주의에 맞게 딱 세팅해 놓는 겁니다. 그러면 게임 끝이죠. 알아서 자본을 위해 움직이게 되는 겁니다. 내 욕망을 실현시킨다고 생각하고 열심인데, 알고 보면 자본 좋은 일만 시키고 있는 거죠. 자본에 내 모든 활기를 불어넣고, 자본을 증식시키는 데 내 모든 정기를 다 쓰고, 자기 자신은 장렬하게 전사한다고 할까요?

자본은 말하죠. '너 자신을 위해서 이걸 해봐', '네 욕망을 충족시키기 위해서는 이걸 해봐'라고. 그래서 자본은 우리를 억압하고 착취하는 게 아니라, 아주 친절한 안내자처럼 느껴지곤 해요. 하지만 그 친절함은 우리가 우리 무덤을 파게 하는 잔혹함이죠. 어떻게 보면 대놓고 '널 착취할 거야', '널 내 맘대로 할 거야'라는 것보다 상황이 나쁘다 할 수 있죠. 상황을 더 혼탁하게 만드는 건, 그런 욕망의 세팅이 가족이라는 장에서 벌어진다는 거고요.

'오이디푸스'를 통해 만들어지는 주체

자본주의는 우리의 욕망의 층위에서 무언가를 만들어내고 있어요. 무의식에서는 무슨 일이 벌어지고 있을까요? 여기서 우리는 프로이트의 정신분석학을 이해할 필요가 있습니다. 자본주의를 넘어서려면 욕망에 대해 알아야 하는데요. 그 욕망이란 것을 가지고 우리의 삶을 처음으로 들여다본 것이 프로이트이기 때문입니다.

물론 그 전에는 무의식이라는 것을 몰랐다는 것이 아니라, 무의식을 우리 삶을 설명하는 중심적인 가치로 도입한 것이 프로이트라는 거예요. 그 이전에는 우리를 정의하는 게 무의식이나 욕망이 아니었다는 거죠. 계몽주의 시대나 그 이전에는 이성, 의식 이런 것들이었죠. 데카르트 같은 사람은 뭐라고 말해요? "나는 생각한다. 고로 나는 존재한다." 이렇게 말하죠. 그러니까 나는 생각하는 데 있다는 거예요. 그런데 무의식은 생각의 층위가 아니죠. 생각이나 의식 이전의 층위예요. 이렇게 자아 이전의 층위에서 우리 자신을 설명하는 무언가를 가지고 온 게 프로이트라는 거예요.

그래서 프로이트는 저 무의식을 가지고 우리라고

하는 사람들이 어떻게 태어나는가, 나는 어떻게 지금의 나가 되었는가, 이걸 '주체화 양식'이라는 부르는데, 이런 주제들을 탐구합니다. 무의식과 욕망을 가지고 그렇게 하는 거죠. 들뢰즈-가타리도 이 성과는 굉장히 인정해요. 우리는 신에게서 받거나 아니면 자연적으로 부여받은 어떤 것을 가지고 사는 것이 아니라, 이 기저에 있는, 의식 이전의 무의식과 욕망에 의해서 살아가고 지금의 나가 만들어진다는 것이고, 그렇게 우리는 한 명의 주체가 된다는 것이죠. 우리는 그냥 태어나서 자동으로 주체가 되는 것이 아니라, 어떤 경험을 통해서 어떤 욕망의 배치를 통해서 어떤 무의식의 프로세스를 거쳐서 주체가 되어 간다는 거예요. 그러니까 주체화 양식이라는 것은 주체가 발생하는 양식인 거죠. 우린 처음부터 주체가 아니었으니까요.

프로이트는 이 주체화의 양식을 '오이디푸스'와 연결을 시키면서, '나는 어떻게 지금의 나가 되었나'에서 이 '어떻게'의 자리에 '오이디푸스'를 놓습니다. 그런데 문제는 이 '오이디푸스'가 오면서 우리 무의식과 욕망이 갖고 있던 잠재적인 힘, 욕망이 갖고 있던 활기 이런 것들이 모두 잠재워진다는 겁니다. '오이디푸스'를 통해 무의식은 오히려 무력화되고 더 이상 삶에 봉사하는 것이 아니라 우리의 예속에 봉사하는 방식으로 주체화되어 갔다는 것이죠.

그럼 이제 '오이디푸스'를 좀더 들여다보죠. 대체 이게 뭐길래 우리를 기만적인 착각 속에서 살게 만드는지…. 프로이트가 얘기한 '오이디푸스'는 단순화시키면 아주 간단해요. 일단, 아이(오이디푸스 콤플렉스는 기본적으로 남자 아이를 기준으로 상정하고 있습니다)와 엄마가 있습니다. 아이는 엄마에 대해서 성욕을 느껴요. 그러니까 엄마와 육체적인 결합을 하고 싶다는 욕망을 느껴요. 플라토닉 이런 걸 생각하시면 안 되고, 근친상간의 욕망입니다. 아이는 태어났을 때 엄마라는 대상과 육체적으로 결합하고 싶다는 욕망 위에서 출발한다는 거예요.

그런데 엄마에 대한 아이의 성욕을 방해하는 존재가 뿅 나타나죠. 그게 누구죠? 아버지죠. 그러니까 엄마가 평상시에는 나랑 계속 붙어 있다가 아빠가 집에 들어오면 나는 잠깐 놔두고 아빠한테 가는 거예요. 이때부터 아들은 고민하기 시작합니다. 저 사람 누구지. 왜 저 사람만 나타나면 우리 엄마는 사라지는 걸까. 나는 엄마와

한시도 떨어지고 싶지 않은데 이 육체적 결합을 방해하는 자는 누구인가. 딱 보니까 아빠예요. 그래서 이제 아빠를 눈을 흘기며 보는 거죠.

이제 아이의 마음은 아버지에 대한 증오로 가득합니다. 나와 엄마의 육체적인 결합을 방해하는 사람. 그런데 딱 봐도 알잖아요. 싸워 봤자 이길 가능성이 없는 거죠. 거기서부터 이제 두려움이 슬슬 시작되는데 '한 번 받아? 받아?' 이러다가도 받았다가는 게임도 안될 것 같고. 이러고 있다가 남자아이가 여자아이의 성기를 보게 된대요. 여자에게는 남근이 없죠. 그걸 보고 아들은 어떻게 생각하냐면 '재는 아빠한테 덤비다가 잘렸어', 이렇게 생각을 하게 된다는 거예요. 그러니까 이게 다 머릿속에서 일어나는 일이에요.

아들은 아빠한테 한 번도 덤벼 본 적이 없어요. 혼자서 눈을 막 흘기고 있는 거죠. 그런데 아빠에게 미움을 느끼면서도 굉장히 혼란스럽다는 거예요. 왜냐하면 아빠라는 사람이 밉기도 하지만 엄마를 차지하기 위해서 아빠라는 사람과 싸운다는 것에는 나의 성기가 잘릴지도 모른다고 하는 두려움이 같이 있기 때문이에요. 이걸 '거세 콤플렉스'라고 합니다. 이럴 때 아들은 아빠한테

오이디푸스가 저주 때문에 버려지는 장면(왼쪽)과, 이후 이오카스테가 자살을 하고 오이디푸스가 스스로 눈을 멀게 하는 장면(오른쪽)이 동시에 그려져 있는 목판화.

덤벼서 성기가 잘리는 것을 선택하기보다는 엄마에 대한 성욕을 억압하는 것으로 타협을 본다는 거예요. 그래서 엄마에 대한 육체적인 욕망을 억압해서 무의식에 넣게 되는 순간, 곧 욕망을 포기하는 순간 아이는 이제 '인간'이 되는 거예요. 엄마에 대한 성욕, 근친상간의 욕망, 이게 우리의 출발이라는 거고, 이 자연 상태를 억압해서 극복해야 문명인이 될 수 있다는 겁니다. 문명인이 된다는 것이 인간이 되는 거고요. 그러니까 결국 인간이란 억압을 통해 이뤄지는 거죠. 근원적 욕망의 억압, 포기, 이게 한 아이를 인간으로 만드는 비결이에요. 이걸 바꿔 말하면? 인간이란 자신 안에 어떤 결핍을 필연적으로 가진 존재다, 라는 겁니다. 인간의 욕망은 그 결핍을 채우기 위해 움직이는 것이 되고요. 이게 바로 프로이트가 본, 무의식에서 벌어지는 사건, 오이디푸스 콤플렉스라는 사건의 전말이에요.

어떠세요? 설득이 되세요, 이게 무의식에서 벌어지는 일이라는 게? 흔히들 그렇게 말하죠. 정말 우리의 근원적 욕망이 근친상간의 욕망이냐, 그걸 어떻게 증명하냐, 뭐 이런 식으로 근친상간이 팩트냐 아니냐를 놓고 얘기하곤 합니다. 그런데 중요한 건 팩트냐 아니냐보다는, 그게 우리 무의식에서 어떻게 작동하는가, 어떤 일을 벌이고 있느냐는 겁니다. 그러니까 오이디푸스 콤플렉스의 핵심은 그게 우리 욕망을 어떻게 만들고 있는가입니다. 생각해 보세요. 욕망을 움직이는 힘이 뭐라고 생각하세요? 결핍돼서 욕망한다고 생각하죠. 결핍이 욕망의 추동력이다, 라고…. 또는 내가 지금 대인관계나 기타 문제들이 있는데, 그게 어릴 때 엄마나 아빠와의 관계에 뿌리가 있다, 쉽게 이렇게 생각하게 되지 않나요? 성인이 된 내 삶의 문제가 가족 간에 일어난 어떤 상처와 관련이 있다는 식의 서사. 핵심은 그거예요. 결핍으로서 욕망, 욕망의 근원적 무대로서 가족, 그리고 엄마-아빠-아이라는 그 가족적 구도가 평생 마주치는 문제들 속에서 계속 반복되어 출현한다고 여기는 것. 이게 들뢰즈-가타리가 안티를 걸고 싶었던 '오이디푸스'로서 욕망의 모습입니다.

Anti-Oedipus

3부

욕망-기계와 분열자의 산책

억압된 욕망과 욕망-기계

자 이게 프로이트의 '오이디푸스'고, 주체화의 양식이에요. 그런데 억제하긴 했지만 욕망이 계속 남아 있죠. 이게 '억압'의 의미예요. 억압한다는 건, 욕망이 없어진다, 사라진다 이런 의미가 아니라, 의식되지 않는 그 어떤 지점에 여전히 살아 있다는 겁니다. 그래서 이제 이 남아 있는 욕망이 문제가 돼요. 엄마와의 관계에서 갖게 되는 이 근원적인 욕망은 억압되고 인간은 그 대체물들을 찾습니다. 그래서 대상A, 대상B, 대상C, 이런 것들을 계속 떠도는 거죠. 그런데 이런 것들은 대체물이니까 내 근원적 욕망을, 그 결핍을 채워 줄 수 없습니다. 그래서 계속 떠돌아 다닐 수밖에 없어요. 언제까지 떠돌죠? 죽을 때까지 떠도는 거죠. '그놈이 그놈이야. 별놈 없어' 그러다 결혼하고, '그 맛이 그 맛이야' 그러다 그냥 단골집에 정착하게 되듯이, 어떤 대상에 정착하게 되는 것이죠.

이렇게 대상을 떠도는 것. 이게 정상이에요. 결핍은 결코 채워질 수 없어요. 대체물밖에 없으니까. 그럼에도 가끔 이걸 해결하려는 사람들이 있다는 거예요. 그럼 어떻게 되죠? 퇴행을 하는 거죠. 인간 이전 상태로 퇴행하는 것. 억압된 것들이 튀어 올라와서 자기를 주장하고, 자기를 실현시키려 드는 것. 이런 게 인간인 우리에게는, 자아에게는 공격으로 느껴지죠. 인간으로서 우리 존재를 위협하는 힘, 자아를 무너뜨리려는 힘으로요. 여기서 신경증이 발생하게 돼요. 신경증을 치료한다는 건, 그래서 튀어 올라온 애들을 다시 잘 억압하는 거예요. 욕망은 결핍일 수밖에 없다는 것을 확고히 받아들이게 하는 겁니다. 그리고 그게 자아를 잘 보호하고 지켜 주는 것이 되는 거고요.

이게 우리 무의식의 모습일까요? 이런 무의식이라면, 우리는 어떻게 살아가게 될까요? 오늘 강의에서 가장 이야기하고 싶은 것은 이 모든 욕망이 가족에서 출발하고 가족을 근원적 장소로 삼고 있다는 거예요. 즉, 우리는 너무나도 당연하게 '아이의 출발은 가족이다'라고 생각해요. 우리 존재의 출발을 가족이라고 설정하고 출발합니다. 마찬가지로 욕망의 최초의 장소 역시 '가족'이라고 생각해요. 여기부터 질문을 시작해야 해요. '욕망의 최초의 장소이자 근원적 장소는 가족인가?'라는 질문이 첫번째 질문인 거예요. '왜 욕망은 이 가족

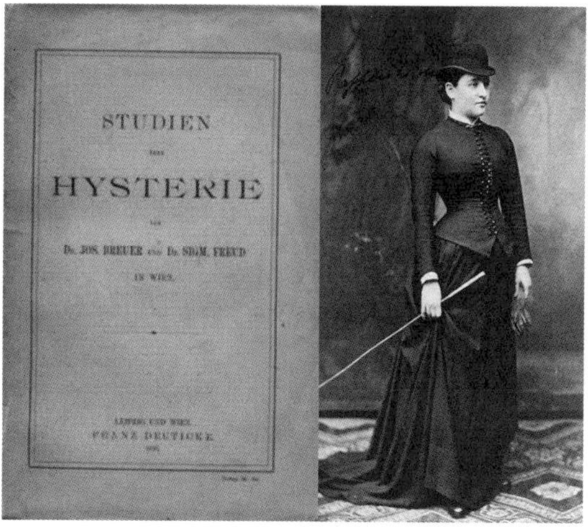

지그문트 프로이트와 요제프 브로이어(Joseph Breuer)가 함께 펴낸 『히스테리 연구』(왼쪽)는 신경증(히스테리) 연구를 통해 프로이트 정신분석학의 시작을 알린 책이기도 하다. 이 책의 첫번째 사례로 실린 안나 O.(오른쪽)는 원래 브로이어의 환자였으나 프로이트의 신경증 연구의 상징적인 인물이 되었다.

적 경험이라는 것으로 환원되는가?'라고 들뢰즈-가타리는 질문하고 있어요. 우리는 너무 당연하게도 '맨 처음에 태어나서 보는 게 엄마 아빠밖에 없잖아'라고 생각을 하겠죠. 그런데 사실은 그렇지 않죠. 아이는 엄마, 아빠를 엄마, 아빠로 본 적이 없어요. 들뢰즈-가타리는 '욕망이란 가족 경험으로 환원, 축소되는 것이 아니다, 본래 비가족적으로 작동하는 것이다'라고 말합니다. 여기서 '비가족적인 욕망이다'라고 할 때, 들뢰즈-가타리도 프로이트와 마찬가지로 무의식이 삶의 기본적 층위라고 이야기합니다. 그러니까 우리가 살아가고 활동하는 기본적 원리가 무의식이고, 욕망이라는 뜻입니다.

그런데 들뢰즈-가타리는 프로이트와 달리 이 욕망을 뭐라고 부르냐면, 재밌게도 '기계'라고 불러요. 욕망은 기계다. 자, 여기서 기계라고 표현하는 이유는 첫번째, 프로이트의 틀을 보면 아직 인간이 아닌 상태와 인간인 상태가 구분돼 있죠. 여기는 자연 상태, 여기는 문명 상태, 사회적 상태인 거예요. 자연계와 인간계가 분리돼 있다는 거예요. 자연 상태에서는 아직 무의식이라고 하는 것이 없는 거죠. 무의식이 생기면서 문명인으로 변하게 되는 것입니다. 즉, 프로이트에게 있어 무의식은

“

우리는 너무나도 당연하게 ‘아이의 출발은 가족이다’라고 생각해요. 우리 존재의 출발을 가족이라고 설정하고 출발합니다. 마찬가지로 욕망의 최초의 장소 역시 ‘가족’이라고 생각해요. 여기부터 질문을 시작해야 해요. ‘욕망의 최초의 장소이자 근원적 장소는 가족인가?’라는 질문이 첫번째 질문인 거예요.

우주적이고 보편적인 것이 아니라 인간의 것으로 전유되고 있다는 거예요. 들뢰즈-가타리는 이 무의식이 단순히 인간, 문명, 사회의 힘이 아니라 자연과 인간이라는 이분법을 넘어서는 욕망이라는 점을 나타내기 위해서 기계라는 말을 쓰는 겁니다. 결론적으로 자연과 분리된, '인간'이라는 특권을 해체시키는 거죠.

두번째로 '기계'라고 하면 뭔가 '작동'하는 이미지가 떠오르지 않나요? 그래서 '욕망-기계다'라는 말을 가지고 들뢰즈-가타리가 이야기하는 것은, 모든 욕망은 기능하고 생산한다는 거예요. 여기에서 우리가 알아야 할 것은 이때 '기계'라는 것(곧 무의식)이 기능하고 생산한다고 하는 것은 의식이나 자아 이전에 일어나는 일이라는 겁니다. 무의식이라는 게 그런 거잖아요. 의식과 자아 이전에 일어나는 일. 그러니까 의식과 자아라고 하는 통일체가 생겨나기 이전의 것으로, 들뢰즈-가타리는 이 기계를 하나로 보는 것이 아니라 다양하고 다질적인 흐름들로 보는 거예요.

프로이트적 의미에서 부분대상은 본래 전체로 되기 이전 상태, 바꿔 말해 전체가 되기 위한 부분들을 가리킵니다. 전체의 부분, 전체를 전제한 부분, 이런 거죠. 들뢰즈-가타리는 이 말을 아주 다른 색깔로 써요. 전체화되지 않는다는 의미에서 부분, 전체가 되기를 거부한다는 의미에서 부분, 이런 의미로 욕망을 '부분대상'이라 불러요. 무슨 말이냐 하면, 우리는 욕망을 자아의 욕망, 나의 욕망이라고 생각하는데, 이것은 욕망을 마치 하나의 덩어리처럼 생각하는 겁니다. 그런데 욕망-기계들의 일반적인 모습을 살펴보면 이런 생각과는 다르다는 거예요. 입은 입의 욕망이, 코는 코의 욕망이 있어요. 위는 위대로 욕망이 있어요. 눈은 눈대로 욕망이 있고, 항문은 항문대로 욕망이 있죠. 이 각각의 것들이 서로 다르게 욕망하고 저마다 다른 작동을 갖고 있다는 거예요. 각각의 '욕망-기계'가 그 흐름 방식과 리듬을 갖고 작동하고 있다고요. 이걸 '부분대상'이라고 불러요. 재미있는 생각이지 않나요?

아까 말씀드린 『차이와 반복』에서는 들뢰즈가 이걸 '애벌레 자아'라고 불러요. 우리가 '나'라고 부르는 것, '에고'라고 부르는 것, 의식에 자리하고 있는 '자아'라고 하는 것 아래에는 우글거리는 애벌레들처럼 다종다양한 흐름들이 있다는 거예요. 그걸 아까 말했듯이 '부분대상'이라고도 하는 거고요.

욕망-기계의 작동법 : 짝짓기로서의 기능과 생산

이 부분대상들이 기능하고 생산하는 과정은 짝짓기 그 자체예요. 이것들이 하고 있는 것은 다 짝짓기예요. 예를 들면 덩어리 아이와 덩어리 엄마가 만나는 게 아니라 아이들의 입-기계가 엄마의 젖-기계와 만나는 거예요. 아이와 엄마가 만나는 게 아니라는 게 어떤 뜻인지 아시겠죠? 들뢰즈-가타리에 따르면 입-기계가 젖-기계와 만나는데, 그런 것들이 나중에 시간이 흘러서 엄마라는 인물로 환원될 수는 있겠지만, 아이의 입장에서 인생 최초의 경험은 저런 부분대상들의 흐름들이 서로 짝짓기하는 것만 있는 겁니다. 이것은 인물과 인물이 만나거나 아니면 자아와 자아가 만나는 층위가 아닙니다. 부분대상들이 끊임없이 작동하면서 짝짓기하고 있는 세계이고, 아이 이전에, 엄마 이전에, 인간 이전에 일어나는 사건입니다.

『안티 오이디푸스』 맨 첫 부분에 이 욕망-기계의 모습이 굉장히 잘 그려져 있습니다. 그 어떤 책의 도입부보다도 인상 깊은데요, 한 번 보죠. "그것은 도처에서

"

들뢰즈-가타리는 이 무의식이 단순히 인간, 문명, 사회의 힘이 아니라 자연과 인간이라는 이분법을 넘어서는 욕망이라는 점을 나타내기 위해서 기계라는 말을 쓰는 겁니다. 결론적으로 자연과 분리된, '인간'이라는 특권을 해체시키는 거죠.

기능한다"*고 합니다. 여기서 '그것'은 곧 욕망이에요. 욕망은 도처에서 '기능'한다는 겁니다. "때론 멈춤 없이, 때론 단속적으로. 그것은 숨 쉬고, 열 내고, 먹는다. 그것은 똥 싸고 씹한다". 이드(Id, 그것), 그러니까 프로이트가 욕망을 '그것'이라고 불렀거든요. "이드라고 불러 버린 것은 얼마나 큰 오류더냐". 그러니까 '그것', 이렇게 말하면 지정이 되는 거잖아요. 근데 이 욕망들은 지정이 될 수 없다는 거예요. 왜? 끊임없이 여기저기 뭔가 활동하고 지분거리고 있어서 뭐라고 딱 지정하기 어렵다는 거예요. 그리고 이 기능의 특징을 한마디로 말하면 짝짓기예요. 모든 기계들의 첫번째 존재 양식이 짝짓기입니다. 자 우리가 지금 살아 있는 것을 한번 보세요. 지금 이렇게 제가 얘기하고 있을 때 여러분들의 귀는 제 목소리와 짝짓고 있는 겁니다. 코는 숨을 쉬면서 공기와 짝짓고, 눈은 이 빛과 짝짓고 있죠. 몸 안에 있는 오장육부 역시 다 뭔가와 짝짓기하고 있습니다. 아주 바빠요. 짝짓느라.(^^) 짝짓기 못하면 어떻게 되죠? 죽는 거예요.

* 이하 65쪽까지의 『안티 오이디푸스』 인용문의 출처는 다음과 같다. 질 들뢰즈·펠릭스 과타리, 『안티 오이디푸스』, 김재인 옮김, 민음사, 2014, 23쪽.

존재한다는 것 자체가 이미 나 아닌 다른 것들과 끊임없이 짝짓기하는 과정이고 그걸 욕망-기계라는 말로 표현하고 있는 거예요.

그러니까 '어 난 짝짓기한 적 없는데요? 나 모태 솔론데요?' 이런 말은 있을 수가 없어요. 존재한다는 것 자체, 내가 지금 여기 살아 있다는 것 자체가 이미 짝짓기로써 살아가고 있는 거예요. 아주 우주적인 짝짓기의 장 위에 있는 거죠. 남녀의 짝짓기, 곧 섹스는 이 우주적인 짝짓기 장 안에서 보면 지극히 사소한 일부분인 겁니다. 우리한테는 섹스라는 개념이 굉장히 축소돼 있죠. 그러니까 성(性)이라는 건 뭐냐, 짝짓기에 붙여진 이름이에요. 그럼 성기라는 건 뭐냐, 짝짓기하는 기관을 부르는 거예요. 이렇게 말하니까 간단하죠? 그러니까 산소와 내가 만날 때는 어디가 성기가 되는 거예요? 코-기계나 폐-기계가, 빛과 눈의 관계에서는 눈이 성기가 되는 거예요. 모든 것이 짝짓기의 기관인 거죠. 왠지 모르게 신나고 뭔가 시원하지 않습니까?

이런 욕망-기계들이 어떻게 남근 같은 생물학적 성기 중심으로 변하게 되었는지는 프로이트의 발달 단계에서 살펴볼 수 있습니다. 프로이트의 발달 단계는 욕망이 맨 처음에 입, 그다음 항문, 그다음에 남근으로 넘어가는 식입니다. 그래서 이런 다른 식의 쾌락들, 다른 식의 접속들, 부분대상들은 다 탈각이 되고 성기로 집중이 돼야 해요. 이 과정을 발단 단계라고 부르는 거예요. 결과적으로 이 모든 각각의 '성기들'을 오늘날 우리가 흔히 '성기'라 부르는 남근 같은 기관으로 축소시킨 거예요. 그런데 들뢰즈-가타리는 그렇게 보지 않았다는 겁니다.

이번에는 우주적 짝짓기를 좀 다른 방향에서 접근해 볼까요? 꽃과 벌이 있다고 해보죠. 벌은 이 꽃의 꽃가루를 다른 꽃에 옮겨 줍니다. 그러니까 벌은 꽃을 수정시켜 주는 거죠. 덕분에 그 식물은 열매를 맺게 됩니다. 그렇다면 한 식물이 다른 식물과 짝짓기를 하기 위해서는, 먼저 다른 것과의 짝짓기가 이루어져야만 하는 겁니다. 바로 벌과의 짝짓기가 선행되어야 하는 것이죠. 그러니까 그 식물에게 제일 중요한 것은 벌과의 결합이라는 거예요. 이런 면에서 그 식물의 꽃은 다른 꽃을 상대로 진화한 게 아닙니다. 벌이 그 진화의 상대가 되는 거죠. 왜냐고요? 꽃의 일차적인 구애 상대는 벌이니까요. 벌과의 사랑이 성공해야 그다음 다른 꽃과 결합하든 말든 하지 않겠어요?

이처럼 하나의 종(種) 내에서 그 종을 유지하기 위한 짝짓기는 다른 종과의 짝짓기를 전제합니다. 다시 말해, 자기 종 바깥과의 결합이 선차적이고, 오직 이 짝짓기 위에서만 자기 종도 유지되는 겁니다. 그럼에도 우리는 정반대로 생각하곤 합니다. 일단 자기 핏줄이 먼저고, 그 바깥은 나중 문제라고 말이죠. 하지만 생명의 원리로 봤을 때, 그것은 전도된 시각입니다. 바깥이 먼저예요. 그 바깥이 내 핏줄을 이어지게 하는 바탕입니다. 이것이 이 우주의 생산 방식이에요. 자기 바깥의 존재들, 타자들을 거쳐서만 자기 생산이 가능하다는 것.

들뢰즈-가타리는 이 원리를 인류학적으로도 보여주는데, 이를테면 원시사회에서 '혈연'은 이차적이었어요. 그럼 일차적인 것은? 네, '결연'입니다. 다른 부족과의 짝짓기, 이 결연 관계가 그들에게는 가장 중심적인 문제였다는 겁니다. 그러니까 자기 부족을 자기 부족 안에 갇히게 하는 것, 이것이 그들에게는 죽음으로 받아들여졌어요. 해서 어떻게 바깥을 향해 자기 부족을 열까, 이것에 사활을 건 겁니다. 오늘날의 가족과는 사뭇 다르죠. 우리 사회의 가족은 문을 딱 걸어 잠급니다. 내 식구,

내 가족, 그것만이 존재하는 세계, 그게 스위트 홈이라 여기죠. 하지만 이건 생명의 원리로 봤을 때 그다지 현명한 전략은 아닐 겁니다.

계속해서 들뢰즈-가타리의 책을 보죠. “기관-기계가 원천-기계로 가지를 뻗는다. 한 기계는 흐름을 방출하고, 이를 다른 기계가 절단한다. 젖가슴은 젖을 생산하는 기계이고, 입은 이 기계에 짝지어진 기계이다”. 입은 먹는 기계이기도 하고, 항문 기계이기도 하고(토하는 경우가 있죠), 그다음에 말하는 기계이기도 하고, 호흡 기계이기도 합니다. “거식증의 입은 먹는 기계, 항문 기계, 말하는 기계, 호흡 기계 사이에서 주저한다.” 가령 거식증이란 입-기계가 여러 기능들, 짝짓기들 사이에서 무언가로 딱 결정나지 않은 상태를 말한다 할 수 있죠. 다른 말로 하면 거식증은 입-기계가 가진 다종적인 성격을 증거하는 현상이라는 겁니다. 그다음, “바로 이렇게 모두는 임시변통 재주꾼이다”. ‘임시변통’, ‘브리콜라주’라는 건데요, 기계의 작업 방식이 브리콜라주라는 겁니다. 브리콜라주는 처음부터 전체의 그림을, 완성본을 두고 하는 작업이 아닙니다. 그냥 지금 손에 닿는 재료들, 지금 주변에 있는 것들, 그것들을 모아서, 짝짓기 해서 작품을 만드는 거예요. 뭐든 되는대로, 지금 곧바로 생산하기. 이게 욕망-기계의 작업 방식입니다. "에너지-기계에 대해 기관-기계, 언제나 흐름들과 절단들." 이것도 짝짓기 방식을 보여 주는데, 짝짓기의 기본은 흐름들을 채취-절단하는 겁니다. 좀더 직접적으로 말하면 흐름들을 깨고 들어가 그걸 가지고 오는 겁니다. 이게 짝짓기의 실상이에요.

짝짓기는 교환관계가 아니라는 게 핵심입니다. 마음, 이게 교환이 아니잖아요. 누구를 좋아하게 되었다고 했을 때 한 번 생각해 보세요. 이렇게 말하잖아요. '마음을 뺏겼다'고. 누군가가 마음을 훔쳐간 거예요. 도둑질 당했어요. 근데 이상하죠. 기분이 좋죠. 또는 이런 거죠. 상대가 나를 좋아했으면 할 때, 상대 마음의 흐름에 은근슬쩍 끼어들어 가려고, 슬쩍 자기 마음을 거기에 밀어 넣으려고 이런저런 작업을 하잖아요. 그래서 마음의 방향을 자기 쪽으로 틀게 하려는 거죠. 이게 채취-절단이에요. 짝짓기의 세계예요. 그러니까 기브 앤 테이크, 교환관계 식으로는 절대 연애가 안 걸려요. 채취-절단의 능력, 이게 짝짓기를 좌우해요. 그리고 마지막을 보면, "뭔가 생산된다. 은유들 말고, 기계의 결과들이." 네, 기계는 비유, 상징 같은 게 아닙니다. 실재적인 겁니다. 이해 되시죠? 어려운 책이지만 이렇게 차근차근 읽으면 또 읽히죠?

분열자의 산책

정리해 보자면, 기계는 기능하는 것으로 시작해서, 생산하는 걸로 끝나는 겁니다. 중간에 짝짓기가 있었죠. 요 세 가지만 기억하시면 돼요. 그리고 이것들은 의식 아래의 층위에서, 부분대상들의 층위에서, 기계들의 층위에서 일어난다는 것도 염두에 두시고요. 그 모습을 잘 보여 주는 게 『안티 오이디푸스』의 다음 구절입니다. 이 구절을 보면 무엇을 '욕망-기계', '짝짓기', '생산-기계'라고 말하는지 조금 더 분명해질 듯합니다.

"분열자의 산책. 이것은 소파에 누운 신경증자보다 나은 모델이다."* 아까 분열자라고 이야기한 게 이제 약

* 이하 73쪽까지의 인용문의 출처는 다음과 같다. 들뢰즈·과타리, 앞의 책, 24쪽.

단편소설 「렌츠」(Lenz)의 작가 게오르크 뷔히너(Georg Büchner)의 초상. 들뢰즈와 가타리는 뷔히너가 그려낸 렌츠의 모습을 분열자의 전형으로 해석해 내고 있다.

간 감이 오시죠. 그 부분대상들, 기계들이 막 작동하고 있는 상태가 분열자인 거예요. 하나로 집중돼서 모아져 있지 않은 상태. 각자가 각자의 욕망들에 따라서, 각자의 기능들에 따라서 짝짓기를 하고 있는 상태. "약간의 외기, 바깥과의 관계. 가령 뷔히너가 재구성한 렌츠의 산책. 이때의 렌츠는 그의 선한 목사 집에 있을 때와는 전혀 다르다." 그러니까 산책하는 렌츠예요. 집이 아니라 길에 있는 렌츠. 분열자로서의 렌츠. "이 목사는 종교의 신과 관련해서, 부모와 관련해서 렌츠의 사회적 위치를 억지로 지정한다. 반면 산책할 때 렌츠는 다른 신들과 함께 또는 전혀 신 없이, 가족 없이, 부모 없이, 자연과 함께 산속에, 눈 속에 있다. <아버진 뭘 바라지? 아버지가 내게 더 좋은 걸 줄 수 있을까? 불가능해. 날 평화롭게 내버려 둬.> 모든 것은 기계를 이룬다. 별들이나 무지개 같은 천상 기계들. 알프스 기계들, 이것들은 렌츠의 몸의 기계들과 짝짓는다. 기계들의 끊임없는 소음. <온갖 형태의 깊은 삶과 접촉하는 것, 돌들, 금속들, 물, 식물들과 영혼을 교감하는 것, 달이 차고 기욺에 따라 꽃들이 공기를 빨아들이듯 꿈에 잠겨 자연의 모든 대상을 있는 그대로 맞이하는 것, 렌츠는 이런 것들이 무한

출처 : Zde(www.wikipedia.org)

프로이트가 환자와의 대화를 통해 신경증을 치료하는 데 사용했던 소파. 들뢰즈와 가타리는 "소파에 누운 신경증자보다 (분열증자가) 나은 모델"이라고 말한다. 분열증자는 소파에 눕지 않고 산책을 한다.

한 지복의 느낌임이 틀림없다고 생각했다.>”

이걸 읽으면, 「슈퍼맨이 돌아왔다」에 나오는 아기들이 떠오릅니다. 아이들은 밖에 나가면 “우와 우와” 거리기 바쁘거든요. 바람에도 우와, 돌에도 우와~. 뭔가를 느끼는 거죠. 엄마 아빠를 보고 감동하는 게 아니라, 정말 이 렌츠의 산책, 분열자의 산책을 하고 있는 겁니다. 아기는 자기의 욕망, 이 짝짓기를 엄마라고 하는 아주 특정한 대상에 고착시키는 것이 아니라 매 순간 우주적 짝짓기를 가장 활발하게 펼치고 있는 거예요. 그래서 아기야말로 가장 우주적인 존재가 되는 거죠. 그런데 이 짝짓기 상태를 점점 탈각시켜 주는 게 누구예요? 엄마 아빠라는 거예요. 우리가 나이 든다는 건 뭐예요? 분열자의 상태에서 주변에 있는 짝짓기들을 다 제거하고 어떤 하나로 집중되기를 바라는 거잖아요? 분열자의 산책이 “소파 위의 편집증자”로 바뀌는 거죠.

“하나의 엽록소 기계 내지 광합성 기계이기.” 가끔 햇볕 좋은 날 밖에 나가면서 ‘광합성 하러 간다’고 하지 않나요? 실제로 내 온갖 세포들이 그 햇볕을 훔치고 있어요. 그 햇볕이라는 광선이 내 세포 안으로 흘러들어 오고, 그 세포는 햇볕을 흡수하고. 이렇게 햇볕을 쬐

분열증의 대표적인 사례인 다니엘 파울 슈레버(Daniel Paul Schreber). 자신의 증상과 심리 상태를 꼼꼼히 기록하여 『한 신경병자의 회상록』(*Denkwürdigkeiten eines Nervenkranken*)이라는 책을 출간했다.

는 일도 끊임없는 짝짓기가 일어나는 상태라는 거예요. 자 그래서 "하나의 엽록소 기계 내지 광합성 기계이기, 또는 적어도 이와 유사한 기계들 속에 자기 몸을 하나의 부품으로 슬며시 밀어 넣기"라고 합니다. 우리가 소리에 귀를 기울일 때도 마찬가지입니다. 파도 소리가 나서 귀를 기울일 때 우리는 그 소리 속으로 들어가는 거죠. 이렇게 흐름과 흐름이 섞입니다. 하나의 흐름이 다른 흐름 속으로 흘러들어 가 섞이고 새로운 흐름들을 만들어 낸다는 거죠.

"렌츠는 인간과 자연의 구별보다 앞서, 이 구별이 설정한 모든 좌표보다 앞서 자리해 있다. 그는 자연을 자연으로 사는 것이 아니라 생산과정으로 산다." 즉, 렌츠의 산책은 흐름과 흐름들의 이 짝짓기, 이 절단, 그다음에 간섭, 이런 것들 속에 사는 것을 보여 줍니다. 부분기계들이 막 짝짓기 하고 있는 이 느낌 속에서는 자연과 인간도 구분이 없는 것이고, 또 인물과 인물이 있기 이전의 상태에서 벌어지고 있는 산책이잖아요. 이런 느낌을 당장이라도 밖에 나가서 꼭 느껴 보세요. 분열자의 산책을 해야 합니다. 그냥 약간 기분 좋은 상태에서 산책을 할 때, 나라는 생각도 없고 너라는 생각도 없고, 그냥 그 온몸으로 햇빛을 받고 바람을 받고 그 중간을 통과해 지나가는 산책을 할 때의 그 느낌, 그게 존재적인 기본 층위라는 거예요. 욕망-기계들이 무의식의 층위에서 움직이고 있는 방식이 그것입니다. 그래서 "더이상 인간도 자연도 없다. 오로지 하나 속에서 다른 하나를 생산하고 기계들을 짝짓는 과정만이 있다. 도처에 생산적 즉 욕망적 기계들, 분열증적 기계들, 유적(類的) 삶 전체로다. 자아와 비-자아, 외부와 내부의 구별은 이제 아무 의미가 없다." 여기까지가 거칠지만 대략적으로 들뢰즈-가타리가 보는 욕망-기계의 모습이에요. 지금까지 『안티 오이디푸스』 1장의 맨 앞부분을 함께 살펴보면서 전체적인 스케치를 해보았습니다.

Anti-Oedipus

4부

가족에서 벗어나 우주적 욕망으로

우주적 욕망의 가족적 경험으로의 축소

지금까지 들뢰즈-가타리의 욕망-기계에 대해 살펴봤는데요. 이 이야기에 결핍이 있나요? 없죠. 읽는 동안 '뭔가 구멍났는데? 뭔가 부족한데?' 이런 느낌이 아니라, 막 기계들이 우글거리면서 서로 짝짓기하느라 바쁘고 거기서 뭔가를 막 생산하고 있고 이런 느낌이 있지, 결핍되어 있다는 느낌은 받을 수가 없어요. 이게 존재적인 층위라는 거예요. 이건 가족 이전, 가족에 갇히지 않은, 가족을 모르는 그런 층위입니다. 욕망은 이런 비가족적 바탕 위에 있어요. 그런데 이 비가족적 층위에서, 우주적 차원에서 벌어지던 일들이 가족적 경험으로 축소되어 가는 겁니다. 이것을 보여 준 게 '오이디푸스'라는 사건입니다. 그러니 오이디푸스적 욕망은 욕망의 자연스러운 모습이 아니라, 오히려 어떤 작업의 결과나 효과예요. 비가족적, 우주적 욕망의 모습을 결핍에 시달리는 욕망으로 바꾸는 것도 '오이디푸스'를 통과하면서고요. 그러니 가족은 욕망의 출발이 아니라, 우주적 욕망을 축소시키고 가두는 일의 담당자가 되는 겁니다. 이렇게 가족 안에 욕망이 갇히는 걸로 세팅이 되면, 이 가족적 경험이 이후 우리 경험의 원형을 이루게 되죠. 그래서 나중에 어떤 경험을 하더라도 가족에서 맺어진 관계, 엄마-아빠-아이의 삼각형의 구도가 계속 반복되고 재현돼요. "가만히 보니까 내가 고른 남자는 아빠를 가장 안 닮은 사람이야"라든지, 아니면 "나는 엄마처럼 살기 싫었어! 그래서 이렇게 살았단 말이야!" 이렇게 얘기를 한다든지, 아니면 "내 일이 잘 안 풀린 것은 엄마에게 사랑을 못 받았기 때문이야"라든지…. 내가 지금 여기에서 겪는 모든 사건의 원인이 가족으로부터 비롯된다라는 방식으로 구성이 된다는 거예요. 이게 가족적 경험의 장이에요.

들뢰즈-가타리는 분명 우리는 우주적 경험을 하고 있다고 했는데, 그럼 이렇게 가족적 경험으로 모든 걸 환원하는 것은 가짜인 걸까요? 아니에요. 가짜가 아니죠. 지금 자본주의를 살고 있는 우리는 실제로 이걸 경험해요. 실제로 가족적 상처 때문에 이후의 삶이 다 꼬여 버려요. 가족이라는 관계의 원형이 우리가 성장한 이후에도 끊임없이 살아 숨 쉰다고요. 어떻게 그럴 수 있을까요? 어떻게 우주적 관계망 안에 있던 사람이 이렇게 될까요? 간단하죠. 나머지 것들이 다 탈각되면 돼요.

"

오이디푸스적 욕망은 욕망의 자연스러운 모습이 아니라, 오히려 어떤 작업의 결과나 효과예요. 비가족적, 우주적 욕망의 모습을 결핍에 시달리는 욕망으로 바꾸는 것도 '오이디푸스'를 통과하면서고요. 그러니 가족은 욕망의 출발이 아니라, 우주적 욕망을 축소시키고 가두는 일의 담당자가 되는 겁니다.

나머지의 관계, 나머지의 짝짓기가 다 힘이 없으면 되는 겁니다. 무슨 말이냐면, 가족이라는 관계가 반복이 되는 것은 가족관계가 원래 가장 중심적인 무게를 갖고 있기 때문이 아니라 다른 관계들이 다 힘을 잃었기 때문에 음화처럼 가족만 남은 거예요. 그러니까 내가 살면서 가족 말고는 제대로 관계를 맺어 본 적이 없는 겁니다. 깊숙하게 흐름과 흐름이 부딪히면서 관계 맺어 본 경험이라는 것은 가족밖에 없는 거죠. 그밖에 짝짓기라고 할 만한 것을 겪어 본 적이 없어요. 그렇게 되면 결국에 뭐만 남게 되는 거예요? 가족만 남게 돼요. 그래서 프로이트가 가족이 계속 반복된다고 본 건 맞아요. 하지만 틀린 것은 가족이 정말 중요해서가 아니라 다른 모든 것들이 다 무력화됐기 때문에, 어떤 무게감도 갖지 못했기 때문에 가족적 경험만 남는다는 겁니다.

그러니까 역으로 이렇게 생각해 보셔야 돼요. 만약에 내가 지금 정말로 엄마에 대한 상처 때문에 혹은 부모님이 나에게 주지 못했던 무엇 때문에 너무 힘들다면, 내가 여태까지 살아왔던 모든 관계는 나한테는 아무 의미도 없었던 거라고. 가족으로부터의 상처가 없었다는 것이 아니라 그 관계가 내가 40년을 살아도 50년을 살아도 60년을 살아도 여전히 나를 움직이는 힘이 된다는 것은, 살아오면서 이것들 말고는 나에게 존재적으로 힘을 줄 수 있는 관계가 없었다는 걸 말하는 거예요. 그런 관계를 맺어 본 경험이 없다는 걸 말해요. 세상에 우리가 살면서 얼마나 많은 친구를 만나고 얼마나 많은 사람들을 만나는데 그 모든 관계는 아무것도 아닌 게 되잖아요. 그렇게 아무것도 아닌 걸로 만들 때 가족적 관계가 나를 작동하는 힘이 된다고요. 그래서 아까 우주적 욕망의 포기/억압이라고 이야기했던 것 있죠. 이 욕망의 포기는 결국 간단히 말하면 가족적인 관계를 뺀 나머지 욕망-기계들의 생산을 다 정지시키는 거예요. 다른 짝짓기들을 정지시키는 것, 작동하지 못하게 하는 것. '오이디푸스'는 가족 말고는 다른 것은 가치 없는 거라고 믿게 하는 거죠. 그렇게 믿으면 어떻게 되죠? 가족 말고는 다른 게 작동하지 않게 돼요. '가족은 삶의 뿌리다', '가족 관계만 변치 않는 진짜다'. 뭐 이런 식이죠.

그러니까 이 욕망의 결핍이라고 하는 것도 뭐냐면 다른 욕망-기계들을 작동시킬 수 없다는 것을 뜻하는 거예요. 그리고 이 결핍이 장착되는 순간 욕망의 추동력은 더 이상 생산이 아니라 결핍이 되는 거죠. 이렇게 되면 욕망은 뭐를 하고 싶겠어요? 저 결핍을 채우고 싶고 메우고 싶겠죠. 그럼 이제 획득과 소유, 우리가 보통 생각하는 '욕망의 상'이 완성되는 겁니다. 원래 욕망은 결핍과 획득, 소유가 아니라 기계들의 끊임없는 기능과 생산, 짝짓기였잖아요? 그런데 여기에서 우리의 이 욕망-기계가 정지되는 순간, 가족 극장에 갇히는 순간, 획득과 소유의 메커니즘으로 가게 되는 겁니다. 이렇게 되었을 때 자본주의의 상품시장은 굴러가겠죠.

이렇게 생각하시면 돼요. 자본주의가 '야 이거 사, 이거 사' 이렇게 직접적으로 얘기 안 한다고요. 대신 뭘 하면 돼요? 존재적으로 결핍감을 느끼게 만들면 돼요. 그럼 우리는 결핍을 채우려 쇼핑을 하고, 또 그걸 위해 열심히 노동하고 그렇게 상품을 만들고 쓰는 일에 전력을 다하게 돼요. 그러는 동안 우리는 소진되고 녹다운되어 버립니다. 번아웃, 불타 없어지는 거죠. 그럼 뭐가 남나요? 네, 자본이 남죠. 우리는 그렇게 자본을 증식시키는 데 삶을 바치는 겁니다. 그래서 자본주의는 아주 교묘하게도 계속해서 우리에게 결핍을 불러일으키는 메커니즘이에요.

그리고 그 최초의 장소, 그 결핍을 내부화시키는 장

“

가족이라는 관계가 반복이 되는 것은 가족관계가 원래 가장 중심적인 무게를 갖고 있기 때문이 아니라 다른 관계들이 다 힘을 잃었기 때문에 음화처럼 가족만 남은 거예요. 그러니까 내가 살면서 가족 말고는 제대로 관계를 맺어 본 적이 없는 겁니다.

소가 바로 가족이라는 거예요. 자본주의는 가족이 존재의 출발이고 전부라는 전제 위에서 움직일 수 있다는 겁니다. 이 전제 위에서만 자본주의는 서 있을 수 있습니다. 욕망을 가족 안에 가두어 놓는 작업을 통해서만 말이죠. 왜일까요? 그렇게 존재를 결핍시켜 놔야 자본이 활성화되기 때문이죠. 이건 정말이지 깊게 생각해 볼 문제예요. 결핍이 소유욕을 만든다는 거. 대부분의 경우 탐욕을 부리겠다고 작정해서 탐욕스러워지는 게 아닙니다. 탐욕에 사로잡힌 사람일수록 오히려 자신을 결핍된 존재로 여겨요. 자기를 탐욕스럽다고 절대 생각하지 않습니다. 그저 난 결핍되어 있어서 뭔가를 손에 쥐어야 해, 라고 생각할 뿐이에요. 그렇게 자신을 결핍된 존재로 느끼는 게, 자신이 무언가를 가지려고 하는 그 마음을 합리화시켜 주고 있는 겁니다. '난 부족해, 난 없어, 그러니 가져야 해. 더 가져야 해.' 이렇게 우리를 더 깊은 결핍감 속으로 몰아넣는 게 자본의 기본적 속성이 되는 겁니다.

독점적이고 배타적인 소유에의 욕망

사실 오이디푸스적 가족은 되게 묘한 장소인데요. 특히 아들이 아버지에 대해 갖는 저 감정이 되게 묘해요. 아들은 아버지와, 어머니를 중심에 둔 소유권 경쟁에 들어간 것이거든요. 여기서 소유는 관계를 독점하겠다는 겁니다. '독점적이고 배타적인 관계를 갖고 싶다', '아무도 이걸 건드릴 수 없어'. 이런 게 기본적으로 소유가 갖고 있는 성질이죠. 아들이 겪는 내적 갈등의 근원이 바로 여기에 있어요. '엄마와의 관계를 독점하고 싶다. 그런데 아빠 때문에 안 된다. 그래서 엄마가 아빠랑 있는 것이 너무 밉다'는 겁니다. 한순간도 내 것 아닌 상태, 배타적이고 독점적인 관계성이 깨진다는 것을 참을 수가 없는 거예요.

이런 전제를 갖고 있는 것이 소유예요. 소유의 핵심은 관계의 독점, 배타적 관계인 것이지요. 이런 전제를 가지고 있을 때, 아이는 엄마를 포기할 수밖에 없죠. 그런데 바꿔 말하면 이 관계가 소유적이거나 독점적인 관계가 아니라면 포기할 것도 없어요. 아빠랑 있다가 그다음에 나랑 놀면 되죠. 그런데 이런 건 아예 고려 대상이 안 돼요. 왜? 그 관계가 소유를 밑에 깔고 있기 때문입니다. 그러니까 욕망이 결핍된 것을 채우기 위해 무언가를 갖고 싶다고 할 때도 이런 거예요. 관계를 독점하고 싶다는 거죠. "안 돼. 이건 내 거. 아무도 못 써", 이런 거예요. 연애할 때도 이런 거 아닌가요? 노래 가사 같은 데 "넌 내 거야", 이런 말이 종종 나오던데, 이런 말 들으면 섬뜩해야 돼요. 너를 독점할 거야, 라는 말이잖아요. 다른 관계는 어떻게 해라? 다 끊어라. 이거잖아요. 이런 관점에서 봤을 때 아들에게 결핍이 생긴 이유가 뭘까요? 그건 아들이 관계를 소유로 생각하기 때문에 생긴 결핍이란 겁니다. 결핍돼서 소유욕이 생긴다, 라는 거 이전에, 소유하고자 해서 결핍이 생긴다는 거죠.

오이디푸스적 가족의 또 다른 특징이 여기에 있는 겁니다. 가족 안에서 벌어지는 사건이 소유적 경험이라는 거예요. 묘하죠. 가족 간의 사랑, 이것의 정체는 소유다. 뭔가 가장 희생적이고 숭고할 것 같은 게 가족 안의 사랑인데, 이게 소유적 관계라고 '오이디푸스'는 말하는 겁니다. '오이디푸스'는 자본주의 가족의 실상을 보여 주고 있어요. 그 사랑의 민낯을 드러내 보여 주고 있다는 게 맞을 거 같네요. 스위트 홈의 속내랄까. 보통

“가족이 붕괴된다”, 이 말이 의미하는 게 뭐냐면 더 이상 사랑하지 않는다는 거예요. 근데 제가 봤을 때 가족은 붕괴되지 않았어요. 들뢰즈-가타리의 입장에서 생각해 보면 가족은 원래부터 우리가 상상하는 헌신적이고 이타적인 사랑의 관계망이 아니라 이 소유적인 지층 위에서 작동하고 있는 거예요. 저 사랑이 무엇의 메커니즘이라고 말씀드렸어요? 소유적인 메커니즘이라고 말씀드렸잖아요.

예컨대 얼마 전에 의붓아버지가 딸을 죽이는 데 그 친엄마가 동조했던 사건 있잖아요. 그런 사건은 가족의 붕괴가 아니라, 자본주의적 가족이 무엇에 바탕을 두고 있는지를 극단적으로 보여 주고 있어요. 이 사건을 대략 말씀드리면 딸이 의붓아버지에게 지속적으로 성폭행을 당한 거예요. 그래서 딸이 참다 못해 경찰에 신고했어요. 경찰에 신고했는데, 이 엄마랑 아빠가 딸을 죽인 거예요. 죽이고 나서 맨 처음에 엄마는 몰랐다, 이렇게 얘기를 했는데 친딸이니까 의심을 안 받았겠죠? 그런데 나중에 알고 보니까 엄마가 이것을 아주 적극적으로 도왔던 거예요. 이걸 적극적으로 도울 때 있었던 중요한 감정이 뭐냐면 일단 첫번째는 이 가정이 깨지는 게 너무

싫은 거예요. 이게 깨지고 나면 난 너무 불안한 거예요. 두번째는 그 관계에 대한 질투심이 있었다는 거예요.

저는 이 사건 보도를 보고 너무 깜짝 놀랐는데, 우리가 보기에는 되게 패륜적인 관계처럼 보이잖아요. 그런데 그게 아니라, 기본적으로 가정 안에서 작동하는 사랑은 어떻게 관계를 독점할까에 관한 문제예요. 그러니까 다들 뭐에 시달리죠? 인정 욕망에 다 시달리는 거예요. 인정 욕망이란 게 뭐예요? "나만 봐, 나만 봐, 나만 봐", 이런 거죠. 이 관계에서 엄마는 아빠한테 나만 봐, 아들은 엄마한테 나만 봐, 아빠도 아들한테 이걸 원해, 이렇게 모든 사람들이 다 관계의 독점을 욕망하고 있는 자리. 이것이 사실은 가족이고 아이가 배우는 것은 그런 방식의 사랑이라는 거예요. 그리고 이것이 그대로 결핍으로 추동되는 욕망, 그리고 이것을 획득과 소유를 통해서 만족시키려고 하는 이 메커니즘. 이게 계속 작동이 된다는 거죠.

그러니까 들뢰즈-가타리가 얘기하고 싶었던 핵심은 이런 것입니다. '가족이라고 하는 관계를 통해서 우리가 배우는 것은 무엇인가, 우리는 어떤 존재가 되는가, 어떻게 지금의 나가 되는가'라고 물었을 때, 한마디로 말하면 '소유적 경험을 통해서 우리 안에 결핍을 장착하고 내장하게 되고, 그렇게 되는 순간 우리는 끊임없이 소유하려는 욕망, 일종의 저장 증후군적 욕망으로 살아가게 된다'는 겁니다. 그러면 이런 식으로 결핍과 획득, 혹은 소유로 규정된 욕망의 상이 우리를 만족시킬 수 있을까요? 들뢰즈-가타리는 근원적으로 이 욕망의 구도에서는 만족이 있을 수 없다고 말합니다. 욕망-기계의 핵심은 기능하고 생산하는 것이기 때문이에요. 결핍이나 소유는 관계의 단절, 오직 하나의 관계만 빼고는 다른 관계는 모두 끊어지는 거예요. 하지만 욕망-기계는 우주적 짝짓기를 통해서, 관계를 확장해 나가는 것을 통해서 자기를 실현시키길 원하니까요. 그런 짝짓기를 직접 생산할 때 욕망-기계는 만족할 수 있고, 거기서 우리는 충만감을 느끼게 되는 겁니다.

그래서 우리가 흔히 '자존감'이라고 부르는 것 있잖아요. 그건 '너 참 예뻐, 너 참 아름다운 애야, 너 참 괜찮은 애야, 너의 자아는 의미가 있어', 이런 정신승리법으로 아무리 위로를 해도 높아지지 않아요. 자기가 스스로 충만하다고 느끼는 이 자존감은 자기 스스로가 생산할 때, 짝짓기를 통해 관계를 생산할 때 생기는 거거든요. 이 관계를 작더라도 직접 생산하는 자가 됐을 때만 자존감은 생겨요.

"나는 아이가 아니다"

하나만 더 얘기를 드리자면, 자본주의의 오이디푸스적 가족에는 재밌게도 한 가지 트릭이 숨어 있어요. 우리는 맨 처음에 태어날 때 아이예요. 이 자본주의, 핵가족의 핵심은 사랑과 아이잖아요. 그런데 아이는 아직 주체가 아니죠? 아직 미숙한 존재입니다. 그래서 사랑과 케어를 받아야 합니다. 이게 핵심이에요. 프로이트의 틀에서 볼 수 있는 것처럼 아이는 사랑과 케어 속에서 잘 커서 인간이 돼요. 그렇게 인간은 됐는데, 이게 어떤 존재죠? 결핍된 존재예요. 그럼 인간이 되어서도 여전히 불안정한 거예요. 아이 때는 그렇다 쳐도 '인간'이 되어서도 그런 겁니다.

프로이트의 틀에 따르면 우리는 맨 처음 태어날 때부터 마지막 순간까지, 성장해서 그 이후의 삶까지, 한 번도 결핍 없는 존재였던 적이 없어요. 처음부터 끝까지 존재적 결핍을 가지고서 살아가게 되어 있어요. 아이든 인간이든. 사실 이런 틀에서 보면 되게 희한한 일인 거예요. 아이라는 존재를 미숙하고 결핍된 존재로 보는 것, 이것 자체가 기본적으로 핵가족을 탄생시키고 가능하게 하는 핵심에 자리하게 되거든요. 아이를 케어해 주는 존재가 필요하다는 거예요. 너무 당연해서 이상하신가요?

그런데 저런 '아이'의 모습은 자연적인 것이 아니고 역사적인 거예요. 필립 아리에스(Philippe Ariès)의 『아동의 탄생』이라는 책 들어 보신 적 있으시죠? '아동'이라는 것이 원래부터 존재하는 것이 아니라 '탄생'했다는 겁니다. 그러니까 실제로 우리도 그랬지만 아이는 그냥 작은 인간이에요. 아이라고 따로 존재적으로 규정될 수 있는 게 아닙니다. 성인들도 다 다르잖아요. 키가 크고 키가 작고, 힘이 세고 힘이 약하고, 이런 게 다 있잖아요. 그런 것처럼 우리가 아이라고 부르는 존재도 그냥 그런 존재인 겁니다. 그런데 이렇게 그런 차이를 어떤 결핍으로, 미숙함으로, 그래서 무언가를 할 수 없는 무능력한 것으로 보는 것. 그것이 아이를 아이로 만들어 버리는 배경인 겁니다.

이런 아이가 탄생하기 전에 그 존재는 미숙한 존재가 아니라 완결된 존재로 바로 출발했다고요. 그래서 그런 생활 방식이 지금도 유목민 사회나 이런 데는 많이 남아 있어요. 제가 자주 추천하는 다큐가 있는데, 「푸지에」라는, 몽골 소녀에 관한 다큐랑 「최후의 툰드라」라고 하는 유목민들 다큐거든요. 그곳의 아이들은요, 일곱 살이 되면 어른이랑 똑같아져요. 어른이랑 똑같아진다는 것이 뭐냐면, 유목 생활에서는 말을 타야 하는데 일곱 살 되면 자기 말을 타요. 그러고는 자기가 할 수 있는 만큼 소나 양을 몰아요. 그리고 저쪽 툰드라 쪽은 순록을 타거든요. 그래서 일곱 살이 되면 순록을 한 마리 줘요. 그러면 일곱 살짜리 애가 여섯 살짜리 동생을 뒤에 태우고 같이 유목하러 돌아다녀요. 일인분의 몫을 합니다.

물론 어른만큼의 일머리나 힘이 있지 못하죠. 그렇기에 배려받는 면이 분명 있습니다. 하지만 그건 그저 힘이 좀 없고, 일이 서툰 어른들이 배려받는 그것과 다르지 않습니다. 아이들은 어엿이 제 역할을 하는 존재로 대우받습니다. 그리고 아이들 자신도 자기 행동을 자기가 책임지려 들어요. 엄마나 아빠, 혹은 나이 많은 형제들이 뒷배가 되어 주는 것을 자존심 상해합니다.

에드바르 뭉크(Edvard Munch)의 「동화의 숲」(Eventyrskogen, omkring, 1903). 여섯 명의 아이들이 미지의 숲을 향해 가고 있다. 아이를 사랑받고 케어받아야만 하는 존재로 보는 근대 핵가족 관념에 사로잡혀 있는 한 아이들은 길 위에 나설 수 없을지도 모른다.

반면 우리는 희한하게도 아이를 사랑받고 케어받을 존재라고 얘기하지만 아이를 존중하지 않아요. 인격적으로 존중하지 않는다고요. 인격적으로 존중하지 않는다는 말은 바꿔서 말하면 '너는 사랑받을 존재고 케어받을 존재야'라는 이야기가 되는 겁니다. 결국 미숙한 존재이기 때문에 사랑받고 케어받아야 한다는 이런 방식의 규정. 이 규정 속에서 아이들의 생산하는 욕망, 욕망-기계를 작동시키는 것은 의미 없고 정지시켜야 하는 겁니다. 이렇게 정지시키는 훈련을 받는 것이 오이디푸스 기간이고 가족이라고 말하는 거예요. '생산하지 마, 짝짓지 마' 이렇게 말하는 게 아니라, '내가 해줄게, 넌 사랑만 받아. 뭘 그런 일을 하려고 하니' 이렇게 얘기를 한다는 거죠. 아이는 미숙해서 사랑, 케어를 받는다기보다는 사랑, 케어를 받다 보니 미숙해진다는 게 맞을 거 같아요. 이런 규정 속에서 아이라는 존재가 되어 가는 거죠.

그러다가 '인간'이 되고 어른이 되면, 여전히 결핍이잖아요. 그래서 또 다 사랑받기를 바라죠. 자기를 좀 케어해 달라고, 사랑받고 싶다고 끊임없이 말하죠. 어렸을 때는 '너는 사랑받는 존재야'라는 얘기를 끊임없이 들으면서 자라는 존재이고, 어른이 된다는 건 이제 스스로 자기 자신에게 '사랑받을 수 있는 존재야', 라고 말한다는 것을 의미하는 것은 아닐까 싶어요. 결국 자본주의 이전에는 작은 인간에서 큰 인간이 되는 거였다면, 지금 이 사회에서는 작은 아이였다가 큰 아이가 될 뿐인 겁니다.

들뢰즈-가타리가 '안티 오이디푸스'라고 얘기한 걸 제 식으로 얘기를 한다면, '안티 아이'라고 얘기를 할 수가 있어요. 아이라고 하는 것은 항상 결핍된 존재로 살아간다고 하는 것. 존재적 결핍이 있는 상태로 존재를 규정한다는 거예요. 그래서 사랑받을 존재라고 자기를 계속 규정하는 것, 이렇게 만들어 놓는 것이 기본적으로 존재적 결핍 상태인 거고. 이게 자본주의가 굴러갈 수 있는 핵심이 돼요. 결핍되지 않으면 우리는 상품을 필요로 하지 않을 거예요. 소비하지 않을 거예요. 하지만 결핍이 장착되는 순간, 자본주의가 돌아갈 수 있다는 거죠. 그런데 이건 기본적으로 '자본에 공모한다'라는 면만 있는 것이 아니라, 우리 자신한테도 굉장히 해로운 문제예요. 다시 한 번 생각해 봐야 돼요. 그래서 "당신은 사랑받기 위해서 태어난 사람…", 이런 노래를 들을 때마다, 이게 지금 무엇을 의미하는지에 대한 감각이 새롭게 생기셔야 해요. 제가 이 강의의 제목을 '나는 아이가 아니다'라고 붙였을 때, 얘기하고 싶었던 것이 뭐였냐면, 우리가 우리 자신을 결핍된 존재로 규정하고 인식하고 있다는 거예요. 사랑받을 존재다, 라는 식의 말로 말이죠.

그래서 가족에 대처하는 방법으로서 '나는 아이가 아니다'라고 얘기를 했던 건 저기 있는 엄마랑 싸워라 아빠랑 싸워라가 아니라, 우리 스스로가 우리 자신을 결핍된 존재로서 여기는 것, 우리의 욕망을 결핍의 흐름 위에다 올려놓는 방식, 이것과 싸워야 하는 것이라는 얘기를 드리고 싶었어요. 사랑받을 존재라고 하는 이 아이적인 아이덴티티에서 우리 자신을 좀 해방시킬 필요가 있지 않을까, 그래야 진정 욕망이 충만해지는 길을 찾을 수 있지 않을까 합니다.

가만히 보면 요새는 다 사랑받고 싶어서 아무도 사랑받을 수가 없는 상태가 됐어요. 왜죠? 아무도 사랑하려고 하지 않으니까요. 백 명이면 백 명이 다 사랑받으려고 기다리고 있잖아요. 다들 사랑을 누리고 싶어하지, 사랑을 생산하려 하지 않아요. 서로가 날 누리게 해

줘, 라고 하고 있는데, 어떻게 그 관계가 만족스러울 수 있겠어요. 그런 식으로는 관계가 충만해질 수가 없어요. 그러니 다시 결핍감에 시달리게 되는 거죠. 이런 결핍감에서 벗어나려면 사랑을 누리려 하는, 자신을 사랑받을 존재로 놓은 그 상태부터 바꿔야 해요. 그러니까 우리를 그렇게 결핍된 존재로 여기는 데서 빠져나와야 한다는 겁니다. 그래야 정말 우리 욕망을 실현시킬 충만함을 느낄 수 있는 길을 찾을 수 있지 않을까 합니다. 이상으로 강의를 마치겠습니다.

Anti-Oedipus

질의응답

Q. 우리가 살면서 어떤 식으로든 실제로 결핍을 느끼는데, 그것은 어디로부터 온 건가요?

A. 앞서도 말했지만 우리가 결핍되었다고 느끼면 욕망을 충족시키는 방식으로 소유하고 획득하는 걸 배우잖아요. 그런데 소유와 획득의 방식으로 욕망-기계는 만족을 못하죠. 그러니까 결핍을 느끼는 거예요. 욕망을 생산을 통해서 충족한다는 상상력이 우리에게 없잖아요. 그래서 획득과 소유를 했는데도 결핍감을 느끼면 어쩌죠? '이게 아닌가봐' 그러면서 또 다른 걸 소유해 보려고 하는 거예요. 그래서 끊임없이 뭘 소유하려고 하지만 욕망은 또 만족하지 못해요. 그럼 우린 또 '대상의 문제인가', '다른 걸 찾아야 하나' 하는 거예요. 그런데 이 불만족은 대상이 잘못되어서가 아니라 욕망을 결핍과 소유의 메커니즘 위에서 사고하고, 거기서 만족이 일어날 것이라고 믿기 때문입니다. 이 자체가 우리한테 만족을 생산하지 못한다는 거예요. 그래서 우리가 만족을 한다는 건, 욕망을 실현시킨다는 건, 그런 식으로 해서는 아예 불가능한 거예요. 결핍을 계속 재생산하게 돼 있어요. 소유적인 걸로. 그럼 여기서 벗어나려면 어떻게 해야 돼요? 짝짓기를 생산하는 거예요.

들뢰즈가 예를 드는 건 이런 거예요. 술을 욕망한다, 그러면 여러분은 뭐가 떠오르시죠? 술을 욕망한다는 것은 내가 술을 획득하는 것을 의미하는 거잖아요. 그런데 들뢰즈-가타리가 말하는, 예를 들어 술을 욕망한다는 건 술을 내 것으로 만들고 싶다는 것 이전에, 술자리라는 배치를 만들어야 된다는 겁니다. '누구랑 같이 마셔야 되지?', '안주는 뭘로 해야 되지?', '어디서 먹어야 되지?', 이렇게 술을 둘러싼 어떤 관계망을 생산해야 하죠. 욕망-기계가 생산한다는 건 이런 의미예요. 그래서 술을 마시고 싶다, 욕망한다라고 하는 건, 그 술자리라는 배치를 생산하고 싶다는 거랑 똑같은 거라고요. 그런데 이것이 어떻게 바뀌었냐 하면, 이런 배치를 생산하는 것들은 지금 욕망의 자리가 아니라고 느끼게 된 겁니다. 뭐만 있으면 된다? 술만 있으면 된다. 그럼 그 배치는 대부분 뭘로 해결하죠? 우리가 직접 생산하지 않고 대부분 돈이나 이런 것들이 해주거나, 돈이 없으면 혼술 혼밥을 하거나 이렇게 되는 거죠. 그래서 내가 '아 난 친구를 욕망해', 이렇게 말한다면, 이때 저 친구를 내가 갖고 싶다, 획득하고 싶다. 이런 식으로 생각하는 게 아니라 친구를 만들 수 있는 배치를 생산해야 한다는 것이 들뢰즈-가타리의 이야기입니다. 그 속에서 친구도 만들어지는 거고요. 이렇게 생산할 때만 욕망은 비로소 만족해요. 아까 말했던 자존감이라는 것도 이럴 때 생기고요. 그래서 결코 욕망의 충족은 결핍과 획득에서 오는 게 아니고, 그래서 이걸 환상적 탄압이라고 해요. 일단 그렇게 믿고 계속 소유의 길로 가면 계속 결핍감을 느끼게 되니까요. 끊는 방법은 뭐냐면 결핍이 아니라 생산으로 넘어가는 거죠.

Q. 생산적 욕망으로 나아가는 구체적인 방법엔 어떤 것이 있나요?

A. 어렵지 않아요. 친구를 만드세요. 관계를 만드세요. 짝짓기를 생산하라는 겁니다. 온갖 짝짓기가 가능하잖아요. 그런데 여기서 핵심적인 게 뭐냐면 아까 흐름이라고 얘기를 드렸잖아요. 이 흐름과 흐름이 만난다고 할 때, 다시 말해 짝짓기라고 할 때, 우리 머릿속에 뭐가 전제되어 있냐면, 내가 있고 너가 있다는 거예요. 그런데 앞서 부분대상의 층위를 이야기했는데, 나 이전, 너 이전의 단계에서 만난다는 겁니다. 내가 '나'라고 믿고 있는 자아 이전의 층위에서 만나야 되고 이 만남이라는 건 역으로 말해서 자아의 층위가 해체되는 경험이기도 해요. 그래서 친구를 만들라고 하는 말, 짝짓기를 하라고 하는 말, 부분대상의 층위에서 이것이 일어나야 된다고 하는 말은 지금 내가 갖고 있는 '자아'로부터 나오라는 말이에요. '자아'를 열라는 이야기예요. 그래야 짝짓기가 돼요. 그런데 이 자아를 지키고는 짝짓기가 안 돼요.

그러니까 특별한 노하우라고 하는 것을 딱히 드릴 것은 없고, 내가 제일 싫어하는 분 있죠. 아 난 진짜 안 맞아. 이렇게 생각하시는 분과 친구가 되는 게 제일 빠른 길이에요. 친구가 되기 어려울 수도 있죠. 친구가 되기 어려우면, 그 사람을 정말 철저하게 이해하는 거예요. 저 사람이 왜 저렇게 할 수밖에 없는지를 완벽하게 이해해 보는 거예요. 하지만 이해가 안 돼죠. 우리가 역지사지라고 하는 것의 문제는 내가 너라면 그렇게는 안 했을 거라는 거예요. "나라면 그렇게 안 했어!", 이렇게 되는 거잖아요. 그런데 그런 방식이 아니라 정말 저 사람은 저렇게 할 수밖에 없었다는 점을 이해해야 하는 겁니다. 옳고 그름의 문제에 얽매이지 않고 그 맥락을 완전하게 이해해 보려고 노력하는 자체도 내가 지금 새롭게 짝짓기를 하고, 새로운 흐름들을 내 안에 집어넣는 방식이에요. 그런데 우리 이거 잘 하기가 쉽지 않죠. 이해할 수 없는 사람을 이해하는 건….

[추가 질문] 그렇다면 다른 사람과 관계를 맺을 때 상대에게 맞춰서 생각하고 대해 주는 것이 하나의 방법이 될 수 있나요?

A. 다른 사람의 입장을 생각해야 한다고 말씀을 드리면, 보통 어떤 사람을 이해한다는 것이 그 사람이 원하는 방향대로

해주는 것이다라는 생각을 많이 하시는 것 같아요. 그런데 그런 게 아니라 그 맥락과 조건이 뭔지를 우리가 충분히 알아야 그 사람이 잘못하지 않도록 막을 수도 있다는 거예요. '왜 마음이 욕망이 저런 식으로 움직여 갔을까'라는 것을 세밀하고 정치하게 이해해야 우리 또한 그 길에 안 들어설 수 있고, 정말 가까운 사람이라면 그 길에 들어서지 않도록, 방향을 틀 수 있도록 도와줄 수도 있겠죠. 그러지 않으면 안 돼요. 이건 마냥 맞춰 주는 것과는 다른 거라고 말씀드리고 싶습니다.

결론은, 여러 번 강조하지만, 친구를 사귀라는 겁니다. 이렇게 인문학 강의를 듣고 그러시면 앞에 옆에 사람이 많죠? 친구를 사귀다 보면 뭔가 일이 일어날 거예요. 물론 친구 사귀는 게 쉽지가 않아요. 제가 요새 들어 새롭게 알게 된 게 있어요. 뭐였냐면 '혼밥 혼술에 대한 연민이 필요가 없다'는 겁니다. 예전에는 청년들이 혼밥 혼술을 하면, '친구가 없으니까 외롭고, 어쩔 수 없으니까 고립되고…', 이렇게 이야기를 했는데, 알고 보니까 그게 그냥 편한 거더라고요. 그걸 원해요. 그러니까 친구들을 만들고, 뭐 먹을지 맞추고, 시간 약속해서 맛있는 것 먹는 게 다 귀찮은 거예요. 그렇다고 해서 나쁘다 이 얘기를 하고 싶은 게 아니라 청년들은 다르게 움직인다고요. 기본적으로 이 강좌가 처음에는 청년 강좌로 기획되었잖아요. 그래서 청년들에게 마지막으로 이야기를 하자면, 청년들에게 가장 좋은 방법은 정말 존재적 무게감을 갖는 친구를 만들어 보는 거예요. 그렇게 성장하지도 못했고, 부모들이 그렇게 내버려 두지를 않아요. 그 시간이 아깝기 때문에, 그리고 위험하다고 생각하기 때문에 그걸 다 장난감으로 채워 준다고요. 그래서 정말 훈련해야 되는 친구 사귀는 일이 잘 안 됩니다. 친구를 사귈 수 있다는 것 자체가 정말로 어마무지한 자존감인데도 말이죠. 내가 이런 관계를 구성할 수 있다는 자존감이 생기는 거예요. 어디 가서도 친구를 만들 수 있다는 것. 이러면 어디에서든 못 살겠어요? 그런데 그걸 못하기 때문에 두려운 거죠. 친구 사귀라는 말씀 다시 한 번 강조하면서 강의 마치겠습니다. 수고하셨습니다.